SOCIÉTÉ DES ARTISTES INDÉPENDANTS

CATALOGUE DE LA 33ᵐᵉ EXPOSITION

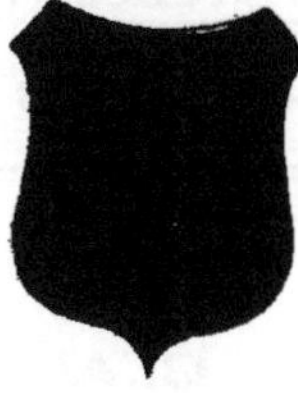

1922

SOCIÉTÉ

des

"ARTISTES INDÉPENDANTS"

Fondée en 1884

"NI JURY NI RÉCOMPENSES"

33ᵉ EXPOSITION

AU

GRAND PALAIS DES CHAMPS-ÉLYSÉES

(Avenue Victor-Emmanuel III)

---

du **28 Janvier** au **28 Février**

•1922•

LE
PRINTEMPS

MEUBLE, INSTALLE,

DÉCORE

EN TOUS STYLES

Sa Collection de **TAPIS d'ORIENT**

est la PLUS COMPLÈTE

et la PLUS BELLE

SOCIÉTÉ

des

"ARTISTES INDÉPENDANTS"

MEMBRES D'HONNEUR :

BÉRARD (Léon).

BONNIER (Louis).

CHÉRIOUX (Adolphe).

COCHIN (Baron Denys).

ESCUDIER (Paul).

GEFFROY (Gustave).

GIGUET (Honoré).

LÉON (Paul).

MELLERIO (André).

MERCEREAU (Alexandre).

POIRY (E.-J.).

SAINSÈRE (Olivier).

SARRAUT (Albert).

SEMBAT (Marcel).

TUROT (Henri).

MEMBRES FONDATEURS en Juin 1884 :

ANGRAND (Charles).

JAUDIN (Henri).

SÉGUIN (Arsène).

SIGNAC (Paul).

Trésorier Honoraire :

PÉRINET (Louis).

Secrétaire Honoraire :

SÉGUIN (Arsène).

COMITÉ

BUREAU :

Président :

Paul SIGNAC, 14, rue La Fontaine (16e).

Vice-Présidents :

Maximilien LUCE, 102, rue Boileau (16e).
Luc-Albert MOREAU, 15, rue du Cherche-Midi (6e).

Trésorier :

André LÉVEILLÉ, 18, boulevard Magenta (10e).

Secrétaire rapporteur :

Charles JACQUEMOT, 10, rue Seveste (18e).

Membres :

ALIX (Yves), 4, rue Belloni (15e).
BOMPARD (Pierre), 6, rue de Varize, (16e).
DOMERGUE-LAGARDE (Edouard) 13, rue du Dragon (6e).
SEGONZAC DUNOYER de, 66, rue de Rennes (6e).
DUPONT (Victor), 2, passage Dantzig, (15e).
JANSSAUD (Mathurin), 15, impasse du Mont-Tonnerre (15e).
LADUREAU (Pierre), 12, rue de l'Armorique (15e).
LÉGER (Fernand), 86, rue Notre-Dame-des-Champs (6e).

LHOTE (André), 38 *bis*, rue Boulard (14e).
MARCHAND (Jean), 73, rue Caulaincourt (18e).
PARENT (Léon), 9, rue des Apennins (17e).
REYMOND (Carlos), 7, rue Daru 8e).
SCHREIBER (Georges), 3, rue Jules-César (12e).
TURIN (André), 12, rue des Pyramides, (1er).
URBAIN (Alexandre), 21, Quai Bourbon (4e).

ADMINISTRATION :

Secrétaire général :

Charles IGOUNET de VILLERS, 77, rue Dareau (14e).

Secrétariat et Archives :

Emile VIGIER, 19, rue des Trois-Bornes (11e)

Comptabilité :

Julien LAGOUTTE, 41, rue de l'Echiquier (10e).

Service de vente à l'Exposition :

ROBERT-GAUDEFROY, 37, rue Gros (16e).

Conseil Juridique :

Me Georges BATY, officier ministériel, 20, place d'Italie (13e).
Me Eugène CAHON, avoué de 1re instance, 25, rue Gay-Lussac (5e).
Me Gustave FORTIER, avocat à la Cour d'Appel, 22, rue Gay-Lussac (5e).
Me PAUL MANCEAU, docteur, avocat à la Cour d'Appel, 12, rue de Bellechasse (7e).

SIÈGE SOCIAL :

18, Rue Mazarine, PARIS (VIe)

Permanence tous les samedis de 2 h. 1/2 à 5 heures, sauf pendant l'Exposition et les mois de juillet, août et septembre.

Pendant l'exposition, adresser toute la correspondance au Grand-Palais.

ORGANISATION de l'EXPOSITION
— 1922 —

Commissaire-Général : DUPONT (Victor), 2, Passage Dantzig (15e).

Commissaire :
{ JANSSAUD (Mathurin), 15, Impasse du Mont-Tonnerre (15e).
LÉVEILLÉ (André), 18, Boulevard Magenta (10e).
URBAIN (Alexandre), 21, Quai Bourbon (4e).

COMMISSION DE PLACEMENT

Président : VILLARD (Antoine).

Secrétaires :
{ LEFORT (Jean)
BERGEVIN (Albert).
GIRAN-MAX (Léon).

MEMBRES TITULAIRES

PEINTRES

BALANDE (Gaston).
BARAT-LEVRAUX (Georges).
Mlle BARBEY (Jeanne-Marie).
BRIAUDEAU (Paul).
DESLIGNIÈRES (André).
DOLLIAN (Guy-L.).
FAVORY (André).
FEDER (Adolphe).
GALANIS (Démétrius).
GROMAIRE (Marcel).
HOURTAL (Henri).

JAUDIN (Henri).
LAFORET (Tony).
LEJEUNE (Henri).
LE PETIT (A.-M.).
MARCOUSSIS (Louis).
OLIVIER (Fernand).
QUELVÉE (Albert).
QUESNEL (Robert-C.).
RAMEY (Henry).
SABBAGH (G.-H.).
VALLÉE (Ludovic).

SCULPTEURS

BUCHER (Edwin).
GUÉNOT (Auguste).
DILIGENT (Raphaël).
HERNANDEZ (Mattéo).

DE JERMON (Maurice).
LIPCHITZ (Jacques).
MAISDON-PITRE.
WASGAU (Jean).

SUPPLÉANTS

CLERGÉ (Auguste).
TABOURET (Emile).
PETITJEAN (Hyppolyte).
HUYOT (Albert).
HILLAIRET (Anatole).
PAULEMILE-PISSARO.

MONDZAIN (Simon).
ARNAVIELLE (Jean).
COUDERC (Georges).
ROCHE (Marcel).
HÉLIS (Henri).
VILLARD (Robert).

- 1922 -

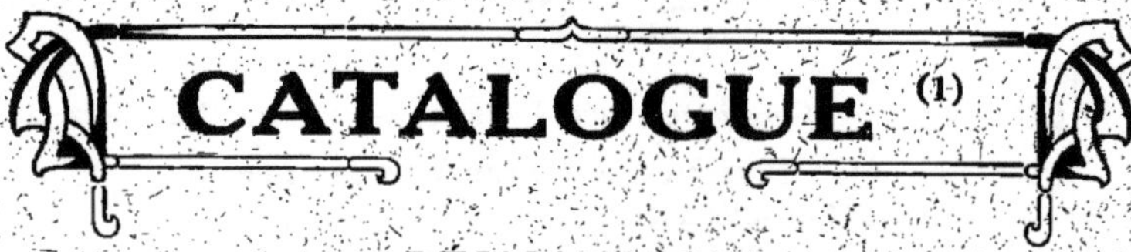

CATALOGUE [1]

DÉSIGNATION

DES

OUVRAGES EXPOSÉS

ACCART (Georges-Paul), né à Paris. — 11, rue Feutrier, 18e.

1 Essai (lumière spirituelle).
2 Essai (lumière artificielle).

ADNIN (Ernest-Louis), né au Pré-St-Gervais. — 12, cité Riverin, 10e.

3 Une vitrine de bijoux d'art et d'objets d'art.

ADRIAN-NILSSON (Gösta), né à Lund (Suède). — Suédois. — 86, rue Notre-Dame-des-Champs, 6e.

4 Tête de fumeur.
5 Flotte.
6 Joueur d'harmonica.

Un Bureau de Vente est installé au 1er étage, près de la Rotonde, côté avenue Victor-Emmanuel III.

Tous les renseignements nécessaires à l'achat des ouvrages et prix des œuvres y seront fournis.

L'astérisque * indique les œuvres qui ne sont pas à vendre

"ENGLISH SPOKEN"

(1) Voir la *Section belge*, pages 185, 186, 187, 188, 189, 190.

AGHEMO (Louis), né à Turin. — Italien. — avenue d'Ivry, 13°.

    7 Bronze et marbre (Esclave).
    8 Portrait du poète G. Giacosa (en fer repoussé et ciselure).

AGUTTE (Mme Georgette), née à Paris. — 11, rue Cauchois, 18°.

    ***9** Portrait de Marguerite Matisse.
    10 Lutteuses.
    11 Jeux.

AILLET (Edgard-Adien-Jean), né à Eauze (Gers). — 2, passage de Dantzig, 15°.

    12 La Nive à Bayonne.
    13 Etude (pastel).
    14 Chemin de halage.

ALATERRE (Louis-Georges), né à Châteaudun. — 9, r. Falguière, 15°.

    15 Le curé de Tours.
    16 La pomme (pastel).
    17 Nature morte.

ALBERT (Adolphe), né à Paris. — « Le Tilleul », Les Andelys (Eure).

    18 La Seine aux Andelys.
    ***19** Portrait.
    20 Paysage.

ALBERT (Maurice-Léon), né à Paris. — 13, rue Pierre-Levée, 11°.

    21 La Seine à Vétheuil.
    22 L'or des automnes (triptyque) :
        a. A Vincennes.
        b. A Mantes-la-Jolie.
        c. A l'île de Conleau.

ALDER (Emile), né à Zurich. — Suisse. — 35, boulevard Rochechouart, 9°.

    23 La carrière.
    24 Solitude.

ALEXANDRE (Edme), né à Nevers (Nièvre). — 28, rue Montholon, 9°.

    25 Coucher de soleil à Adole (Vosges).
    26 Pivoines.

ALEXANDRE (Eva), né à Limoges. — 9, place d'Aine (Limoges).

    27 Place de la Cathédrale de Limoges (pastel).
    28 Intérieur de cathédrale, Limoges (pastel).
    29 Tombeau, cathédrale de Limoges (pastel).

ALEXANDROVITCH (A.-I). — 3, villa des Fleurs, Asnières (Seine).

    30 Le veau d'or (peinture allégorique).
    31 Marcel Cachin (portrait).
    32 L.-O. Frossard (portrait).

ALIX (Yves), né à Fontainebleau. — 4, rue Belloni, 15e.

    33 Le ruisseau du village.
    34 Nature morte.

ALLAIS (Norbert), né à Colombes. — 6, rue Bichat, 10e.

    35 L'Eglise de St-Germain-de-Tournebut (Manche).
    ***36** Etude de fleurs (appartenant à Mme Henriette R...).
    ***37** Vieux chemin du Château, St-Germain (Manche), appartenant à l'auteur.

ALLANDRIEU (Henri-Camillle), né à Paris. — 9, rue Ravignan, 18e.

    ***38** Type argentin (appartient à l'auteur).
    39 Oranges.

ALTMANN (Alexandre), né en Russie. — Russe. — 26 bis, rue Dombasle, 15e.

    40 Chaville (automne).
    41 Vieille cour à Cabourg.
    42 Branche.

ALY (Gustave), né à Arras (Pas-de-Calais). — 9, rue Daviel, 13e.

    43 Paysage.
    44 Paysage.
    45 Paysage.

ALYANAK (Hrand), né à Constantinople. — Arménien. — 7, rue de Constance, 18e.

    46 Le clocher d'Herblay.
    47 Une rue à Criel-sur-Mer.
    48 Minuit dans la forêt.

ANCELET (Émile), né à Charleville (Ardennes). — Santes, près Lille (Nord).

49 Portraits (plein air).
50 Rue de Paris à Lille après la guerre.
51 En Flandre (verger au printemps).

ANDRAUD (Germaine), née à Issoire. — 13, boulevard de la Maulière.

52 La Mouchette.
53 Temps gris.
54 Chrysanthèmes.

ANDRÉ (Émile), né à Paris. — 22, rue Greuze, 16e.

55 La toilette du cygne (panneau décoratif).
56 L'étang (panneau décoratif).

ANDRIEUX (Alfred-Louis), né à Paris. — 42, rue Scheffer, 16e.

57 Aiguille du Dru.
58 Séracs des Bossons et Dôme du Goûter.
59 Cadre (dessins d'animaux).

ANGIBOULT (François), né à Venise. — Russe. — 229, boulevard Raspail, 6e.

bis {
59 a Le Rhin.
59 b Œuf de Pâques.
59 c Souvenir d'Italie.

ANGRAND (Charles). — 33, quai de Paris (Rouen). — Membre fondateur.

60 Les moissonneurs.
61 La mer.
62 L'arbre.

ANNIC, né à Paris. — 15, rue Nicolas-Charlet, 15e.

63 Fleurs et fruits.
64 Fleurs et fruits.
65 Fleurs et fruits.

ANTRAL (Louis-Robert), né à Châlons-sur-Marne. — 14, rue Thibouméry, 15e.

66 La femme à la chaise.
67 La table.
68 Maternité.

APARTIS (Athanase), né à Smyrne (Asie-Mineure). — Hellène. — 129, rue de l'Université, 7e.

***69** Tête (bronze), appartenant à l'auteur.
***70** Baigneuse (bronze), appartenant au Dr E. P...

APOL (Armand-Adrien), né à Bruxelles. — Belge. — 77, rue de Livourne (Bruxelles). — *Voir à la section belge.*

   71 Juliette.
   72 La lecture.
   73 Le goûter.

ARNAVIELLE (Jean), né à Paris. — 5, rue Stanislas, 6e.

   74 Matin à Rouen.
   75 Brume à Rouen.

ARNAVIELHE (Jean-Charles), né à Montpellier. — 8, Grande-Rue, Montpellier.

   76 Une coupe moderne (bois sculpté).
   77 Un meuble d'appui moderne « Occitan » en hêtre patiné et poirier.

ARRAS (Jean-Georges), né à Paris. — 34, rue Danton, Levallois-Perret.

   78 En toute sécurité.
   79 Inquiétude.
   80 Une mare dans les bois.

ASPRIOTTI (Kleoniki), né à Varna. — Bulgare. — 6, r. Huyghens, 14e

   81 Pastel.
   82 Pastel.
   83 Huile.

ASTIÉ (Hector), né à Paris. — 70, rue Henry-Litolff, Colombes (Seine).

   84 Femme en pierre.
   85 Femme en bois doré.

ASTOY (Gustave), né à Madrid. — Espagnol. — 14, r. Delambre, 14e.

   86 Peinture.
   87 Peinture.
   88 Peinture.

AUBERT (Louis), né à Neuilly-sur-Seine. — 45 bis, rue Jacques-Dulud, Neuilly-sur-Seine.

   89 Paysage.
   90 Etude.
   91 Etude.

AUBLET (Jacques), né à Paris. — 10, villa d'Alésia, 14°.

    92 Portrait.
    93 Paysage.
    94 Nice.

AUGOT (Pierre-Claude), né à Moulins. — 22, rue Berthollet, 5°.

    95 Zarathoustra (terre cuite).
    96 Dyonisiaque (peinture).
    97 Peinture.

AUGUSTE-ROUQUET (Louis), né à Carcassonne. — 159, rue de Flandre, 19°.

    98 La partie de dominos.
    99 La cité de Carcassonne (étude).
    100 Nature morte.

AUPART (Lucien-Jean-Baptiste), né à Saint-Plantaire (Indre). — 8 bis, rue Barthélemy, 15°.

    101 L'exode.
    102 Scène d'intérieur (Pardon !)
    103 Paysage (sous bois) carton.

AURISSE (Cam), né à Paris. — 12, rue du Pont-Louis-Philippe, 4°.

    104 Portrait du compositeur P. Marcilly.
    105 La faiblesse des hommes.
    106 Les sept péchés capitaux (bois gravés).

AZAR DU MAREST (Lœtitia), née à Marseille. — 40, rue Desaix, 15°.

    107 Neige et fumée.
    108 Le souvenir.
    109 Marchand de marrons.

BACH (Marcel), né à Bordeaux. — 7, rue Alain-Chartier, 15°.

    110 Paysage.
    111 Paysage.
    112 Paysage.

BACHMANN (Adolphe), né à Lausanne. — Suisse. — 12, rue de la Tour-d'Auvergne, 6°.

    113 Vieille Italie (marine).
    114 Le ruisseau d'Aron (Mayenne).
    115 Le soir à Méréville.

BAILLET (Charles-Elysée), né à Paris. — 25, rue du Parc-Montsouris, 14°.

   116 Coin de Seine.
   117 Paysage.
   118 Paysage.

BAILLIEZ (André), né à Lille (Nord). — 5, rue Guénégaud, 6°.

   119 Quai des Sardiniers (La Rochelle).
   120 Les pins (Ile de Ré).
   121 Vieille rue (Rivedoux-en-Ré).

BAILLOT-JOURDAN (Cécile), née à Troyes. — 13, rue du Cloître-Saint-Etienne, Troyes (Aube).

   122 Nature morte.
   123 Fleurs.
   124 Paysage.

BAILLY (Alfred), né à Châtellerault. — 43, rue Richard-Lenoir, 11°.

   125 Ile Bréhat, nord, vue de la propriété de M. Haraucourt.
   126 Ile Bréhat, l'Anse de la Groie.
   127 Ile Bréhat, près le Sémaphore.

BAILLY (Alice), née à Genève (Suisse française). — 203, boulevard Raspail, 14°.

   128 Honegger et le « Roi David ».
   129 Peinture.
   130 Darius Milhaud.

BAILLY (Emile), né à Toulouse. — 32, rue Guyot, 17° et 92, avenue des Ternes, 17°.

   ＊**131** Portrait de Fred Bretonnel (appart. à l'auteur).
   ＊**132** Portrait de Mme B... (appartient à l'auteur).
   ＊**133** Portrait de Mme M... (appartient à l'auteur).

BALANDE (Gaston), né à Saujon (Charente-Inférieure). — 65, boulevard Arago, 13°.

  bis **133** *a* Cahors.
        133 *b* Royan.

BALLET (André-Victor), né à Paris. — 108, boulev. Montparnasse, 14°

   134 Entrée du vieux château, Briquemault (Loiret).
   135 Le canal à Briquemault (Loiret).
   136 Les régates à Carantec (Finistère).

BALMIGERE (Paul), né à Candiès (Pyrénées-Orientales). — 22, rue Tourlaque, 18e.

137 Bords de mer, Nice.
138 Un centenaire.
139 Champ d'oliviers.

BALSSA (Jules-Léon-Eugène), né à Valdériès. — 109, rue Saint-Charles, 15e.

***140** Aurore (appartient à l'auteur).
141 La Seine aux environs d'Elbeuf.
142 Nature morte.

BARADUC (Jeanne), née à Riom (Puy-de-Dôme). — 3, rue Blaise-Desgoffe, 6e.

143 Tulipes.
144 Fleurs des champs.
145 Tulipes et lierre.

BARAT (Edouard), né à Lille. — 41, rue Saint-Georges, 9e.

146 Peinture.
147 Peinture.
148 Peinture.

BARAT-LEVRAUX (Georges), né à Blois. — 2, rue Aumont-Thiéville, 17e.

149 Concert sur la terrasse.
150 Peinture.
151 Peinture.

BARAUDE (Henri), né à Chalon-sur-Saône. — 4, rue Eugène-Labiche, 16e.

152 Un coin de Sarlat (Dordogne).
153 Salers (Cantal).
154 A Notre-Dame de Paris.

BARBA (Marie), née à Marseille. — 86, rue Cardinet, 17e.

155 Solange.
156 Il n'en veut pas.
157 Désespoirs.

BARBÉ (Louis-Edouard), né à Bordeaux. — 15, rue du Serpolet.

158 La vieille église (Saint-Médard).
159 Un jour de pluie à Hosseger.

BARBEY (Maurice), né à Paris. — 51, avenue des Gobelins, 13e.

    *160 Portrait de Mlle M... (appartient à Mme D...).
    161 Les îles Chausey.
    162 Marché breton.

BARBEY (Valdo-Louis), né à Valleyres. — 1, rue des Sts-Pères, 6e.

    163 Le départ en canot.

BARBEY (Mlle Jeanne-Marie), née à Paris. — 40, rue de Paris, Bagnolet (Seine).

    164 Le Pardon de Saint-Philibert.
    165 Le lavoir de Pont-Min.
    166 Coin de marché.

BARBEY (Lucienne), née à Paris. — 1, rue des Saints-Pères, 6e.

    167 A bord.
    168 Le passeur.
    169 Les dames de Versailles.

BARBIER (Ernest-Jules-Louis), né à Nottonville (Eure-et-Loir). — 174, rue de Fontenay, Vincennes, (Seine).

    170 Mai.
    171 La Marne à Joinville (le soir).
    172 Soir de septembre, la Marne.

BARBIER (Yvonne), née à Rouen. — 20, rue de Sotteville, Rouen.

    173 Les bouleaux (composition).
    174 Etude de fillette (dessin).

BARBUSSE (Helyonne), née à Paris. — 10, r. Albert-de-Lapparent, 7e.

    175 Paysage.
    176 Nature morte.

BARCONS (Mlle Zula-Zuléma), née à Buenos-Aires. — Argentine. — 12, rue de Seine, 6e.

    177 Portrait.
    178 Portrait.
    179 Pont-Neuf.

BARDEY (Jeanne), née à Lyon. — 14, rue Robert, Lyon (Rhône).

    180 Symbole (terre cuite colorée).
    181 Portrait homme (terre cuite colorée).

BARDINET (Charles), né à Paris. — 4, rue Vercingétorix, 14e.

182 Repos (nu au pastel).
183 Rome (pastel).

BARDOU (Marc), né à Paris. — 41, rue des Montibœufs, 20e.

184 Les romanichels de Montreuil.
185 De Plombières à Dijon.
186 Environs de Dijon.

BARDOU (Fulbert), né à Aurillac. — 44, rue de Crosne, Magny-en-Vexin (S.-et-O.).

187 Portrait de l'artiste.
188 Vieux clocher, à Saint-Gervais (S. et O.).
189 Fleurs.

BARDOU-JOB (Pierre), né à Perpignan. — San-Marti, Prades (Pyrénées-Orientales).

190 Une vitrine contenant des pièces céramiques.

BARJANSKKY (Vladimir de), né à Petrograd. — Russe. — 9, rue du Bois-de-Boulogne, 16e.

191 Sœur Noémie.
192 14-Juillet.
193 Sur la digue.

BARREY (Fernande), née à Paris — 5, rue Delambre, 14e.

194 Gilles et Pepé.
195 Jeune maman.

BARON (Marcel-Julien), né à Paris. — 60, rue des Tournelles, 3e.

196 Pins à flanc de coteau.
197 Un pin roussi.
198 Matin orageux.

BARTHE (Victor). — Russe. — 43, rue de Seine, 6e.

199 Visite.
200 Composition.
201 Etude.

BARTHÉLEMY (Marguerite), née à Bollène (Vaucluse). — 22, rue Clauzel, 9e.

202 Portrait de Karlette.
203 Fleurs.
204 Fleurs.

BASSET (Louis-Charles), né à Paris. — 11, rue de la République,
à Mouy (Oise).

205 Portrait (pastel).
206 Chercheur de champignons.
207 Les orphelins.

BATAULT (Mlle Hélène), née à Genève (Suisse). — Française. —
80, avenue du Bois-de-Boulogne, 16e.

*208 La tunique jaune (appartient à l'auteur).
*209 Portrait (appartient à l'auteur).
210 L'église de Dives.

BAUCHE (Léon-Charles), né à Paris. — 2, passage de Dantzig, 15e.

211 Le village de Chailly (Seine-et-Marne).
212 Paysage.
213 Etude.

BAUCHOIR (Elie), né à Cravans (Charente-Inférieure). — 33, quai
d'Anjou, 4e.

214 Grimoire et Pelote pelotée, xxe siècle (Versailles).
215 Fin de jour d'automne.
216 Paysage.

BAUDE-COUILLAUD (G.), né à Bordeaux. — 208, boulevard
Jean-Jaurès, Boulogne-sur-Seine.

217 L'Aspé.
218 Vallée du Rio-de-Holle.
219 Route en Cerdagne.

BAUDON (Louis), né à Paris. — 59, boulevard Jean-Jaurès, Boulogne-sur-Seine.

220 Portrait.
221 Portrait.
222 Allée sous bois (parc de Saint-Cloud).

BAUDRENGHIEN (Joseph), né à Monceau-sur-Sambre. — Belge. —
218, rue Edith-Cawell, Uccle. — *Voir à la section belge.*

223 Cariatide, figure nature (plâtre patiné).

BAZIN (Louis-Joseph-Léopold), né à Laives (Saône-et-Loire). —
17, rue Gambetta, Villeneuve-Saint-Georges.

224 Ménetreux (Côte-d'Or).
225 Au Mont-Réa.
226 La fontaine Saint-Martin.

BEAUBOIS (Isabel), née à Bourges. — 4, rue Aumont-Thiéville, 17e.

227 Carmen (gitane espagnole).
228 Nu couché.
229 Nu (lithographie).

BEAUDIN (André-Gustave), né à Mennecy. — 18, place d'Italie, 13ᵉ.
230 Ponte Vecchio.
231 Peschiera Maraglio.
232 Le palais vieux.

BECAN (Bernard). — 10, rue Laferrière, 9ᵉ.
233 Spinelly.
234 Paysan basque
235 Etude de plein air.

BÉCHET (Maurice), né à Paris. — 235, faubg. St-Honoré, 8ᵉ.
236 Nature morte.
237 Etude.
***238** Figure orphique (appartient à M. X...)

BECKER (Georges), né à Tours. — 142, rue Clignancourt, 18ᵉ.
239 Coucher de soleil (Les Andelys).
240 Nature morte.
241 Pont Marie (automne).

BEDOE (Frédéric), né à Salons (Bouches-du-Rhône). — 69, boulevard
Saint-Michel, 5ᵉ.
242 Le printemps.
243 Danse.
244 Lever de lune.

BÉGUIN (Gaston), né au Locle. — Suisse. — L'Etang-la-Ville
(Seine-et-Oise).
245 Les Amies, bas-relief (plâtre).
246 Figure de femme (plâtre).

BÉLENGEZ (Gustave), né à Amiens. — 49, rue du Midi, Taverny
(Seine-et-Oise).
247 Touët-de-Beuil (A.-M.).
248 Vieilles maisons à Saint-Léonard (Hte-Vienne).
249 Vieille porte du château à Orliénas (Rhône).

BELLIET (Benjamin-Jules), né à Villers-en-Arthies (S.-et-O.). —
10, rue Chénier, 2ᵉ.
250 A Saint-Maurice (Gatinais) (paysage).
251 Cour de ferme à Brou (paysage).
252 La Sarthe à Alençon (paysage).

BELOFF (Angéline), née à Petrograd (Russie). — Russe. — 6, rue
Desaix, 15ᵉ.
253 Paysage d'Auvergne.
254 Paysage d'Auvergne.
255 Nature morte.

BENARDEAU (Etienne), né à Orléans (Loiret). — 4, r. de Buci, 6°.

256 Nature morte.
257 Nature morte.
258 Paysage.

BENÉZIT (Emmanuel-Charles), né à Paris. — 11, rue Daniel-Stern, 15°.

259 Les vieux acacias à Bormes (Var).
260 Les laveuses.
261 Olivier au soleil.

BENNETEAU (Félix), né à Paris. — 5, rue de Bagneux, 6°.

*262 Buste de M. Valentina (bronze).
*263 Buste de M. Lechevallier-Chevignard.
264 Etude de tête (marbre, taille directe).

BENOIT-BARNET (Louis), né à Saint-Claude (Jura).

265 Notre-Dame de Paris.
266 La terrasse du jardin du Luxembourg.
267 Le bassin du jardin du Luxembourg.

BENONI-AURAN (Benoit), né à Monteux (Vaucluse). — 12, rue du Moulin-de-Beurre, 14°.

268 Amoureux désirs (nu).
269 Une visite au château.
270 Mon premier atelier.

BEN SUSSAN (René), né à Salonique. — Ottoman. — 23, rue de Rémusat, 16°.

271 Nature morte.
272 Nature morte.

BÉQUIGNAT (Louis), né à Paris. — 14 bis, rue Parmentier, Malakoff.

274 Les bords de l'Yonne à Villeneuve-sur-Yonne.
275 Dampierre (Seine-et-Oise).
276 Tranquillité.

BERGEVIN (Albert), né à Avranches (Manche). — 1, rue de la Mission-Marchand, 16°.

277 Peinture.
278 Peinture.
279 Peinture.

BERGON (F.-M.), né à Narbonne (Aude). — 11, rue Simon-Dereure, 18°.

280 Nature morte.
281 Nature morte.
282 Paysage.

BERJONNEAU (Jehan), né à Montmorillon. — 38, avenue de la Motte-Picquet, 7e.

283 Sur le Léman.
284 Montmorillon, le vieux pont.
285 Lussac-les-Châteaux, l'étang.

BERLINE (Abraham-Joseph), né à Niejine. — Russe. — 26, rue du faubourg St-Jacques, 14e.

286 Vue de la fenêtre.
287 Paysage.
288 Un coin des maisons.

BERLIOZ (Charles), né à Rouen. — 55, rue de Dantzig, 15e.

289 Soir d'été sur l'Isère, près Grenoble.
290 Les maisons du XVIe siècle, à Saint-Pons-sur-le-Jaur.
291 L'avenue à Lamalou (Hérault).

BERNARD (Louis-Michel), né à Marseille. — Le Plan, Le Castellet (Var), et à Alger (La Redoute).

bis { **291** a Villa mauresque.
291 b Paysage du Sahel d'Alger.
291 c Jardin à Bou-Saâda.

BERNIÈRES-HENRAUX (Marie), née à Tientsin. — Française. — 25, rue Jasmin, 16e.

292 Sculpture.
293 Sculpture.
294 Sculpture.

BÉRONNEAU (André-Pierre), né à Bordeaux. — 4, faubourg du Temple, 11e.

295 La rade de Salonique.
296 Quartier turc à Salonique.
297 Port-Navalo.

BERT (Pol), né à Meaux. — 12, rue de la Huchette, 5e.

298 Bosquet de Versailles.
299 Palais de Versailles.
300 Pitre.

BERTHELIER (Pierre), né à Paris. — 15, rue Cauchois, 18e.

301 La plage et ses cabines.
302 Embouchure du Crapeux.

BERTHELIN (Robert), né à Paris. — Sarcelles (S.-et-O.).

303 Fontaine turque.
304 Le portefaix.
***305** Portrait de Mme B... (appartient à l'auteur).

BERTHET (François-Marius), né à Lyon. — Campagne l'Enclos, Le Merlan (Marseille).

   306 Noël provençal.
   307 Soir.
   308 Campagne marseillaise.

BERTHOUD (Paul-François), né à Paris. — 35, rue Capron, 18ᵉ.

   309 Sculpture.
   310 Portrait de Jeanne Landre (sculpture).
   311 Peinture.

BERTRAM (Abel), né à St-Omer. — Le Plessiel, par Abbeville (Somme) ; 240, rue Croix-Nivert, 15ᵉ.

   312 La rivière.
   313 La charrette.
   314 A l'orée du bois.

BERTRAND (Elysée), né à Nancy (M.-et-M.). — 13, rue Paul-Albert, 18ᵉ.

   315 Enfant au sein (lavis).
   316 Mère et enfant (croquis rehaussé).
   317 Gestes maternels (croquis au lavis).

BERTRAND (Claire), née à Sèvres (S.-et-O.). — 8, rue de Tournon, 6ᵉ.

   ***318** Paysage de Suisse (appartient à Mᵐᵉ Frey).
   319 Figure assise.

BERTRAND (Pierre), né à Lorient (Morbihan). — 50, rue des Batignolles, 17ᵉ.

   320 Offrandes.
   321 La nappe à carreaux.
   322 Nu au soleil.

BERTRAND (Marie-Thérèse), née à Reims. — 11 bis, cours Berriat, Grenoble.

   323 Village de Claix.
   324 Nature morte.
   325 Grenoble.

BESNUS (Georges-Hippolyte), né à Paris — 1, rue Cassini, 14ᵉ.

   326 Cour à Recloses.
   327 L'église Saint-Martin d'Etampes.
   328 Cour du musée d'Alger.

BESSERVE (René), né à Montbéliard (Doubs). — 79, boulevard Beaumarchais, 3e.

329 Suzanne et les vieillards.
330 Paysage.

BEVERIDGE (Anne-Millicent), née à Kirkcaldy. — Écossaise. — 20, rue Ernest-Cresson, 14e.

331 Nue.
332 Nature morte.
333 Nature morte.

BIANCHI (Aimée), née à Limoges. — 15, rue Hégésippe-Moreau, 18e.

334 Buste d'homme.
335 Buste de femme.
336 Petit groupe en bronze.

BIB, né à Paris. — 8, rue La Bruyère, 9e.

337 De Max dans le rôle d'Oreste.
338 Silvain.

BIBAL (Ignace-François), né à Saint-Jean-de-Luz. — 33, rue du Dragon, 6e.

339 Jeux d'enfants.
340 Saint-Jean-de-Luz.
341 Fleurs.

BIEGAS (Boleslas), né en Pologne. — Polonais. — 3 bis, rue de Bagneux, 6e.

342 Tableau sphérique.
343 Tableau sphérique.
344 Tableau sphérique.

BILITE (Jacob), né à Odessa. — Russe. — 4, rue Royer-Collard, 5e.

345 Le port.
346 Cléopâtre.
347 Portrait.

BILLET DE FOMBELLE (Suzanne), née à Paris. — 10, boulevard Bonne-Nouvelle, 10e.

348 Cour du Petit Palais.
349 Vasque aux nénuphars.
350 Les baigneurs.

BILLETTE (Aimé-Emile-Raymond), né à Paris. — 61, quai de la Tournelle, 5e.

851 Portrait de femme.
352 Nature morte.
353 Nature morte.

BILLIARD (Louis-Victor), né à Caen. — 108, rue Truffaut, 17°.
354 Tour de David à Jérusalem.
355 Restes de l'église de Sancy (Aisne).
356 Baigneuse.

BIRKHAM-LEBEDEFF (Isa), née à Moscou. — Russe. — 14, boulevard Edgar-Quinet, 14°.
357 Nu.
bis { **357** *a* Composition.
{ **357** *b* Nature morte.

BISCHOFF (Charles-Adolphe), né à Rouen. — 13, place Emile-Goudeau, 18° et au Rû-de-Vrou, par Jouarre (S.-et-M.).
ter { **357** *a* Femme endormie.
{ **357** *b* Etude.
{ **357** *c* Peinture.

BISSIERE, né à Vittéréal (Lot-et-Garonne). — 10, villa d'Alésia, 14°, et Galerie Paul Rosenberg, 21, rue de la Boétie, 8°.
358 Portraits.
359 Nature morte.

BENZ-BIZET (Andrée), née à Poitiers. — 8, rue du 4-Septembre, 2°.
359 *a* Fleurs.
359 *b* Paysage.
359 *c* Paysage.

BLANC (Charles), né à Limoges. — 48, rue de Vanves, 14°.
360 La gloire posthume.
361 Portrait.

BLANCHARD (Marie), née à Santander. — Espagnole. — 21, avenue du Maine, 15°.
362 La femme au chaudron.
363 Femme au panier.

BLANCHE (Emmanuel), né à Paris. — 108, av. de la République, 11°.
364 L'église de Boncourt.
365 L'église d'Anet (Eure-et-Loir) (aquarelle).
366 Un bras de l'Eure à Anet (aquarelle).

BLANZAT (Louis), né à Paris. — 42, rue Saint-Bernard, 11°.
367 Effet de soleil, environs de Dieppe.
368 Nature morte.

BLAZY-BLAJEEVITSCH (Alexandre), né à Kowno (Lithuanie). — Lithuanien. — 25, villa d'Alésia, 14°.
369 L'oiseau prophétique (cèdre et cuivre repoussé).
370 Pharisien (acajou et cuivre repoussé).
371 Polichinelle (acajou et cuivre repoussé).

BLOCH (Marcel), né à Paris. — 4, faubourg du Temple, 11e.

    372 La robe jaune (pastel).
    373 Matinale (pastel).
    374 Clownette (pastel).

BLOCH (Marcel), né à Paris. — 32, rue de Vaugirard, 6e.

    375 La ferme de Pont-ar-Yar (Bretagne).
    376 Des fleurs.
    377 Nature morte.

BLOCUS (Gabrielle), née à Avranches (Manche). — 161, bould.
Montparnasse, 6e et à St-Amand-Montrond (Cher).

    378 Eventails (peinture).
    379 Eventails (peinture sur soie).
    380 Eventails (peinture).

BLUM (Renée), née en Suisse. — Française. — 31, rue Blanche, 9e.

    *381 Femme et enfants.
    *382 Nature morte au jardin.
    383 Nature morte.

BOÈTE (Charles-Achille), né à Roubaix (Nord). — 5, rue de la
Guadeloupe, 18e.

    384 Vieux moulin en Flandre.
    385 Grande cale, port d'Arromanches.
    386 Maison Mimi-Pinson (Vieux Montmartre).

BOHELANOWIER (Zadwiga), née à Varsovie. — Polonaise. —
9, rue de la Grande-Chaumière, 6e.

    387 Sculpture (plâtre).
    388 Statuette (terre cuite).

BOLL (André), né à Paris. — 40, rue de Seine, 6e.

    389 La Cité (Carcassonne).

BONANOMI (Cesare), né à Plaisance. — Italien. — 12, rue Froidevaux, 14e.

    390 Des maisons claires et de l'eau bleue.
    391 Le village dans la montagne.
    392 La « Lavandaïa ».

BONGARD (Germaine), née à Paris. — 5, rue de Penthièvre, 8e.

    393 Portrait (sculpture).

BONHOTAL (Paul-Émile), né à Montpont (Saône-et-Loire). — 11, rue Klock, Clichy (Seine).

394 Troupeaux de moutons, matin de foire à Port-Sainte-Marie (Lot-et-Garonne).
395 Source sous bois.
396 Allée sur la falaise à Portes-Dalles (Seine-Infér.)

BONNEFOY (Eugénie-Sophie), née à Puiseaux (Loiret). — 91, avenue de Versailles, Thiais (Seine).

397 Plage de Wimereux.
398 Fruits décoratifs.
399 Kiki.

BOMPARD (Pierre), né à Verdun. — 6, rue de Varize, 16e.

400 Les saules sur le Dun.
401 Port de Saint-Valéry-en-Caux.
402 Les saules sur le Dun (matin).

BORGEY (Léon), né à Brégnier-Cordon (Ain). — 22, r. Delambre, 14e.

403 Statue (plâtre).
404 Statue.
405 Statue (plâtre).

BORNET (Paul), né à Ranchot (Jura). — 179, avenue du Maine, 14e.

406 Portrait de Valmy-Baysse.
407 Portrait.
408 Portrait.

BOSSHARD (Rodolphe-Théophile), né à Morges. — Suisse — 8, boulevard Edgar-Quinet, 14e.

409 Vestale.
410 Composition.
411 Toilette.

BOTTEMA (Tjerk), né à Bovenknype (Hollande). — Hollandais. — 11, rue de l'École-de-Médecine, 6e.

***412** Portrait de Léon Frapié.
413 La victoire.
414 Faucheurs dans les blés.

BOTTINI (Victor-Lucien), né à Paris. — 18, rue Oberkampf, 11e.

415 La Rochelle.
416 Dernière étape (détrempe).
417 L'église à Grisy (détrempe).

BOUCHEZ (Maurice Giot dit), né à Paris. — 55, bould. Voltaire, 11ᵉ.

    418 Chez les Bretons.
    419 Fin de la journée (paysage).
    420 Sérénade.

BOUILLET (Edouard), né à Blois (Loir-et-Cher). — 62, rue de Paris, Taverny (S.-et-O.).

    *__421__ Etude de nu.
    *__422__ L'hiver en forêt.
    *__423__ Les communs du château d'Azay-le-Rideau.

BOULAGE (Henri), né à Draveil (S.-et-O.). — 3, rue du Crochet, Deuil (S.-et-O.).

    424 Malaga.
    425 Toreros.
    426 Nu au paysage.

BOULANGEOT (Jules-Auguste), né à Schirmeck. — Français. — 15 bis, rue des Garennes, Chatou (S.-et-O.).

    427 Paysage, Pont de Chatou (Seine-et-Oise).
    428 Portrait de Mˡˡᵉ Lucienne David.
    429 Nature morte.

BOULARD DE VILLENEUVE (Maxime), né à Paris. — 53, bould. de Mont-Boron (Nice).

    430 Bords de l'Oise à Valmondois.
    431 Oliviers du Mont Biron (A.-M.).
    432 Route de Deuil (Seine-et-Oise).

BOULIER (Lucien), né à Verdun (Meuse). — 1, rue d'Orchampt, 18ᵉ.

    433 Vision poétique.
    434 Coquetterie.
    435 Etude.

BOULLARD (Marie-Antoinette), née à Paris. — 25, rue Poussin, 16ᵉ.

    436 Nu à la vigne.
    437 La lecture.
    438 Dessin.

DE LA BOURDONNAYE (Roger), né à Rambouillet (S.-et-O.). — 37, rue de Moscou, 8ᵉ.

    439 Pont de Meung-sur-Loire.
    440 Chécy (Loiret).

BOURG (Emile), né à Metz (Moselle). — 17, rue de Draveil, Juvisy (S.-et-O.).

    441 L'Orge à Villers-sur-Orge.
    442 La Seine à Champrosay (Seine-et-Oise).
    443 La Bièvre à Igny (Seine-et-Oise).

BOURGAT (Alice), née à Narbonne (Aude). — 42, avenue Montaigne, 8°.

444 Danse rythmique.
445 Danse primitive.
446 Nature morte.

BOURGEOIS (Alfred), né à Paris. — Chemin des Fourches, Pierrefitte (Seine).

447 Paysage.
448 Etude.

BOURIELLO (Mme Blanche), née à Gap (Hautes-Alpes). — 9, rue Férou, 6°.

449 Symphonie (thèmes).
450 Symphonie (rythmes).
451 Le kimono bleu.

BOURLY (Henri), né à Paris. — 9, rue Duperré, 9°.

452 Peinture.
453 Peinture.
454 Peinture.

BOUSSINGAULT (Jean-Louis), né à Paris. — 34, rue des Vignes, 16°.

455 Peinture.
456 Peinture.

BOUTIN (Emile-Paul-Isidore), né à Luçon (Vendée). — 52, rue Bonaparte, 6°.

***457** Six gravures au canif (bois de fil) :
  a Petite maraîchine (noir) ;
  b Coin de port (couleurs) ;
  c Vieilles maisons (noir) ;
  d Dans les bois (noir) ;
  e Roses (noir) ;
  f Un grain (noir).
  (Appartient à l'auteur.)
***458** Trois Camaïeux (bois de fil) ;
  a Bord de rivière ;
  b Chemin creux ;
  c Bourrine vendéenne.
  (Appartient à l'auteur.)
***459** Camaïeu (bois de fil) : Croisée de chemins.
  (Appartient à l'auteur.)

BOYD (Elizabeth-Frances), née en Écosse. — Écossaise. — aux soins de M. Lucien Lefebvre-Foinet, 2, rue Bréa, 6ᵉ.

460 Les gouvernails rouges.
461 La caserna.
462 La muraille de San Giorgio.

BRABO (Albert), né à Alais (Gard). — 19, boulevard Victor, 15ᵉ.

463 Nature morte.
464 L'homme aux gants.
465 Peinture.

BRAQUE-HAIS (Georges-Auguste), né à Paris. — 110, avenue Philippe-Auguste, 11ᵉ.

*466 Portrait (appartient à l'auteur).
*467 Quiétude (appartient à Mᵐᵉ B...).
*468 Étude (appartient à l'auteur).

BREMOND (Jean-Louis), né à Paris. — 5, Grande-Rue, Bellevue (Seine-et-Oise).

469 Baigneuse (eau-forte).
470 La lande du Val-aux-Clercs à Fécamp (eau-forte).
471 Le Val-aux-Clercs, arbre dans la plaine, à Fécamp (eau-forte).

BREMOND (Mᵐᵉ Marie-Jeanne), née à Paris. — 5, Grande-Rue, Bellevue (S.-et-O.).

472 L'hiver (peinture).
473 Chantier maritime à Fécamp (dessin encre de chine).
474 Le bout de la jetée (dessin encre brune).

BRIARD (Maurice), né à Paris. — 24, rue Mayet, 6ᵉ.

475 Femme à la marguerite (étude).
476 Femme couchée (étude).
477 Japonaise.

BRIAUDEAU (Paul-Charles), né à Nantes (Loire-Inférieure). — 37, rue Denfert-Rochereau, 5ᵉ.

478 Les oranges.
479 Baigneuses.
480 Allée de la Noëveillard, Pornic (Loire-Infér.).

BRICARD (Xavier), né à Angers (Maine-et-Loire). — Villa des Arts, 15, rue Hégésippe-Moreau, 18ᵉ.

481 Au réveil.
482 Nature morte.
483 Fillette cousant.

BRICARD (Mlle Gertrude), née à Angers (Maine-et-Loire). — 9, rue
Bochart-de-Saron, 9e.

484 La barque verte.
485 Au soleil couchant.
486 Narcisses.

BRIGGS (Nicole-Lucien-Gabriel-Alfred), né à Paris. — 31, rue
Jeanne, 15e.

487 La baie de Cassis.
488 La maison rose (Cassis).
489 Nature morte.

BROCHET (Henri), né à Paris. — 10, impasse du Mont-Tonnerre
(127, rue de Vaugirard), 15e.

490 Les peupliers jaunes.
***491** Portrait (appartient à M. B...).
492 La Benaize à Cromac.

BROCK (Léon-Paul-André de), né à Boulogne-sur-Mer. — 93,
avenue Niel, 17e.

493 Paysage breton.
494 Effet de pluie.
495 Le goûter (pays basques).

BRODOVITCH (Alexey), né à Petrograd (Russie). — Russe. —
19, boulevard de Port-Royal, 13e.

***496** Portrait.
497 Portrait.
498 Nature morte.

BRON (Achille), né à Crazannes. — Taillebourg (Charente-Inférieure).

499 Les boutons d'or.
500 La rivière, le matin (hiver).
501 Le départ des sardiniers (Douarnenez).

BRONCOURT (René), né à Fay-Billot (Haute-Marne). — 68, rue
d'Alésia, 14e.

502 Fleurs.
503 Fleurs.
504 Paysage.

BROSSIN (Mme Henriette), née à Kharkoff. — Suisse. — 60, quai
Carnot, Côteaux de Saint-Cloud.

505 Maquette pour le prologue de Iniegourotchka
(opéra de Rimski-Korsakoff).
506 Maquette pour le IIIe acte de Iniegourotchka.
507 Maquette de décors pour un conte de fée.

BROYE (Roger de la) né à Elbeuf. — 26, rue Galvani, 17e.

508 L'église de la Clarté.
509 Le moulin de mer à Ploumanach.
510 La maison dans les rochers à Ploumanach.

BROWN (Anna-Wood), née à New-York (U. S. A.). — Américaine. — Monneville (Oise).

511 Falaises rouges.
512 Jeunes fruitiers.
513 Lis.

BRUGE (P.-H.), né aux Etats-Unis. — Américain. — 6, rue de Furstenberg, 6e.

514 Peinture.
515 Peinture.
516 Peinture.

BRUGUIÈRE (Fernand), né à Nimes (Gard). — 23, rue Brezin, 14e.

517 Les rochers de Belle-Ile.
518 La côte bretonne.
519 Moret.

BRUNE (Pierre), né à Paris. — 11, cité Falguière, 15e.

***520** Nature morte, le pain (appartient à M. P...).
***521** Paysage de Ciret (appartient à M. C...).
***522** Portrait de M. C... (appartient à M. C...).

BRUNELMANS (Jean), né à Bruxelles. — Belge. — Rue de la Station, Bodeghem. (*Voir Section belge*).

523 Nu.
524 Paysage
525 Nature morte.

BRUNI (Laure), née à Liége. — 70, rue Rodier, 9e.

526 Vers la Perte du Rhône.
527 Vers la Perte du Rhône.
528 Le divan.

BUCHET (Gustave-Louis), né à Etoy (Vaud). — Suisse. — 74, rue de Sèvres, 7e.

529 Composition.
530 Nature morte.
531 Nature morte.

BULLIO (Eugène), né à Marseille (B.-d.-R.). — 10, r. de Turbigo, 1er.

    532 Matinée de mars.
    533 Chemin montant.
    534 Le village.

BUNOUST (Madeleine), née à Paris. — 139, boul. Malesherbes, 17e.

    535 Peinture.
    536 Aquarelle.
    537 Aquarelle.

BURGNI (Ella), née à Bâle. — Suisse. — 69, rue Froidevaux, 14e.

    538 Chaos.
    539 Impression par l'avenue de la Grande-Armée.
    540 Impressions.

BURGUN (Georges-Marcel), né à Paris. — 42, route de Clamart, à Issy-Les Moulineaux (Seine).

    541 Première neige.
    542 Nature morte.
    543 Paysage.

BURKHALTEV (Jean), né à Auxerre. — 9, rue Campagne-Pre-mière, 14e.

    544 Vendéen (peinture).
    545 Moulin à Saint-Jean-de-Monts.
    546 Saint-Jean-de-Monts (Vendée).

BURLIN (Paul). — Américain. — 26, rue du Faubourg-Saint-Jac-ques, 14e.

    547 Peinture.
    548 Peinture.
    549 Peinture.

BURNSIDE (Cameron), né à Londres. — Américain. — Chez M. L. Lefébvre-Foinet, 19, rue Vavin, 6e.

    550 Antibes.
    551 Pont-Marie.
    552 Place du Théâtre-Français (hiver).

BUSSET (Maurice), né à Clermont-Ferrand. — 3, rue Racine, 6e, et avenue du Puy-de-Dôme, Clermont-Ferrand.

    553 Cratère des Goules (Auvergne).
    554 Hydravion et sous-marin.
    555 La bourrée d'Auvergne (panneau décoratif).

BUSSIÈRE (Lucien-Jean-Alexandre), né à Paris. — 22, avenue des Canadiens (anciennem. rue des Corbeaux), à Saint-Maurice (Seine).

556 Au matin (paysage).

BUTLER (James), né à Giverny (Eure). — Américain. — Giverny, par Vernon (Eure).

557 La cuisine à l'automne.
558 Le givre.
559 L'Epte.

BUTLER (Théodore-Earl), né aux Etats-Unis. — Américain. — Giverny, par Vernon (Eure).

560 Tous ensemble.
561 Poissons rouges.
562 New York, la rade (1917).

CABRÉ (Manuel), né à Caracas (Vénézuéla). — Vénézuélien. — 127, boulevard Saint-Michel, 6e.

563 Pont de Charenton.
564 La Marne (Ile Saint-Maurice).
565 Un coin à Bellevue.

CAGNET (Maurice-André), né à Paris. — 36, rue des Rosiers, à Saint-Ouen-sur-Seine.

bis {
***565** a Portrait de Mme P. D... (appartient à M. D...).
***565** b Portrait de M. L. B... (appartient à M. B...).
565 c Paysage, bords du Thérain.

CAHOURS (Henry-Maurice), né à Paris. — 21, rue Berthe, 18e.

566 Pont Piperesse (Vieil Amiens).
567 A l'abreuvoir (Bretagne).
568 Sur les quais (Landerneau).

CAHOUT, né à Vanves. — 5, rue François-Guibert, 15e.

569 Nature morte.
570 Nature morte.
571 Nature morte.

CALASTRINI (Antoine), né à Florence. — Italien. — 18, rue des Plantes, 14e.

572 Faune et jeune fille (plâtre, esquisse pour exécuter en pierre).
573 Bacchante et enfant (plâtre).

CALŒNESCO (Aurélia), née à Bucarest. — Roumaine. — 3, square Th.-Judlin (rue du Laos), 15e.

574 Etude de nu.
575 Nature morte.
576 Paysage.

CALVELLI (Félix), né à Ajaccio. — 22, rue du Boyer (Saint-Malo).

577 Les Bés (Saint-Malo).
578 Le puits.

CAM' BOULANGER, né à Paris. — 48, rue des Marais, 10e.

579 Chats.
580 Moi, je porte bonheur ! (gouache).
581 Gourmandise (gouache).

CAMBIER (Mme Juliette), née à Bruxelles. — Belge. — 28, rue Devergnies XL, Bruxelles.

582 Fleurs.
583 Fleurs.

CAMBIER (Louis-Gustave), né à Bruxelles. — Belge. — 28, rue Devergnies XL, Bruxelles.

584 Portrait du peintre Juliette Cambier.
585 Portrait de jeune homme.

CAMIS (Max), né à Paris. — 71, rue des Batignolles, 17e.

586 Lac d'Annecy.
587 Place des Batignolles.
588 Toits par la pluie.

CAMOIN (Charles), né à Marseille. — Val Flor, Saint-Tropez (Var).

589 Paysage d'automne à Saint-Tropez.
590 Après le déjeuner.
591 La terrasse de Sainte-Anne (Saint-Tropez).

CAMPIGLI (Maxime), né à Florence. — Italien. — 19, rue Daguerre, 14e.

592 Femme et enfant.
593 L'homme à la fontaine.
594 Intérieur.

CAMUS (Jacques), né à Angers. — 22, rue de Verneuil, 7e.

***595** Portrait du graveur Morin (Jean).
***596** Portrait de Mme Y...
597 La crêmière.

CANTON (Emile), né à Beaujeu (Rhône). — 2, rue de l'Egalité, Vincennes.

598 Le calme.
599 Solitude.
600 Grand vent.

CAPON (Georges-Emile), né à Paris. — 4, rue Camille-Tahan, 18e.

601 Peinture.
602 Peinture.
603 Peinture.

CARADEK (Mme Lucie), née à Brest. — 6 *bis*, rue Saint-James, Neuilly (Seine).

604 Etude.
605 Paysage.
606 Etude.

CARETTE (Georges), né à Paris. — 6, rue Edouard-Detaille, 17e.

607 Jour de régates.
608 Les laveuses.
609 La péniche.

CARLONI (Alexandre-Gabriel), né à Paris. — 111, rue d'Alésia, 14e.

610 Le sentier de Flainville.
611 Le Val d'Aube.
612 Hortensias.

CARRÈRE (Jean-Paul), né à Bordeaux. — 4, rue Victor-Duruy, 15e.

613 Le fruit défendu.
614 Le repas des Licornes.
615 Le déluge (aquarelle décorative).

CASSALETTE (Félix), né à Aix-la-Chapelle. — 93, rue de Longchamp, 16e.

616 L'Yvette à Gif.
617 Femme au turban.
618 Les bas blancs.

CASSIN SAINT-LOUIS (Charles), né à l'île Nou, Nouméa (Nouvelle-Calédonie), 61, rue de Lévis-17e.

618 *bis* Mlle A. P..., dans « la Mort du Cygne ».
619 Bagatelle (étude).
620 Parc Monceau.

CASTELLI (Clément), né à Varzo Ossola, Italie. — Italien. — 4, faubourg du Temple, 10e.

621 Coin de route à Varzo.
622 Paysage alpestre à Varzo.
623 Paysage alpestre à Varzo.

CASTELUCHO (Claudio), né à Barcelone. — Espagnol. — 84, rue d'Assas, 6ᵉ.

    624 Café concert.
    625 Rentrant de la course de toros.
    626 Danseuse.

CASTRO (Fabian de), né à Jaen. — Espagnol. — 31, r. Jeanne, 15ᵉ.

    627 Christ crucifié.
    628 Le pèlerin.

CATINAT (Maurice), né à Quiers (Loiret). — 5, avenue d'Aligre, Chatou (Seine-et-Oise).

    629 Automne.
    630 Chrysanthèmes.
    631 Jardin.

CAUCHET (Marcel), né à Paris. — 38, rue Denfert-Rochereau, 5ᵉ.

    632 Fin d'automne.
    ***633** Sous bois (appartient à M. X...).
    634 Fond de parc.

CAUDRELIER (Gérard), né à Lille. — 2, rue Aumont-Thiéville, 17ᵉ.

    635 Les pivoines.
    636 Le pont de Foix.
    637 Fleurs.

CAUDRON CHATRY DE LA FOSSE (Jane-Alice), née à Paris. — 64, rue de Passy, 16ᵉ.

    638 La genèse de l'amour.
    639 Vers le déclic fatal.
    640 Enigme.

CAZOT (Paul), né à Avignon. — 14, rue des Beaux-Arts, 6ᵉ.

    641 Pont-Neuf (le matin).
    642 Pont-Neuf (le soir).
    643 Notre-Dame (le soir).

CERNY (Charles), né à Prague (Tchéco-Slovaquie). — Tchèque. — 59, rue de Rennes, 6ᵉ.

    644 Les bords du Fusain.
    645 La vigne-vierge.
    646 Au jardin.

CHABANE (Raoul-Martial-Léon), né à Bordeaux (Gironde). — 59, rue des Peupliers, à Billancourt (Seine).

    ***647** Muides (entrée du village), appartient à l'auteur.

CHABAUD (Auguste), né à Nîmes (Gard). — Graveson (B.-du-R.).
   648 Chemin vers la montagnette.
   649 Un coin du Mas.
   ***650** Portrait dans le salon (appartient à Mme C...)

CHABAS-CHIGNY (Marcel), né à Brest. — 11, imp. Ronsin, 15e.
   651 Transfiguration.
   652 Résurrection de Lazare.

CHALLIÉ (Jean-Laurent), né à Echenon-la-Melline (Haute-Saône).—
15, rue Hégésippe-Moreau, 18e.

his { **652** a Dalhias.
     652 b Intérieur.

CHALLULAU (Marcel-Henry-Emile), né à Montpellier. — 8, rue
Gramme, 15e.
   653 Un soir sur les collines crayeuses (Champagne).
   654 Rhododendrons roses.
   655 Rhododendrons mauves.

CHAMERON (Andrée), née à Saint-Maur (Seine). — 53, avenue de
la République, à Saint-Maur (Seine).
   656 Prière.
   657 Pivoines.
   658 Chrysanthèmes.

CHAMPENOIS-SCHARFF (Gustave-Charles), né à Chatou (Seine-et-
Oise). — 31, rue Saint-Germain, à Chatou (Seine-et-Oise).
   ***659** Paysage (Chatou fin d'hiver), appartient à l'au-
      teur).
   ***660** Portrait de jeune fille (appartient à Mlle Jeanne
      R..)
   ***661** Nature morte (oranges et pommes), appartient à
      l'auteur).

CHAMPON (Edmond), né à Paris. — 18, rue Denfert-Rochereau, 5e.
   662 Paysage basque (hameau de Bordagain).
   663 Moulin à eau en Touraine.
   664 Bouquet de fleurs.

CHANAL (Eugène), né à Bruxelles. — 107, rue de Paris, Clamart.
   665 Une vitrine : étains.

CHANTEROU, né à Liège. — Belge. — 22, rue Desnouettes, 15e.
   666 Le viol.
   667 Paysage.
   668 Etude.

CHAPIN (Jean), né à Paris. — 6, rue de Steinkerque, 18e.

669 Le métro.
670 Bords de l'Orge : les toits rouges.
671 Bords de l'Oise : Les saules.

CHAPUY (André), né à Paris. — 22, rue Boissonade, 14e.

672 Neige.
***673** Dessin (appartient à Mme de R...)
***674** Dessin (appartient à Mme de R...)

CHARASSON (Eugène), né à Aigurande (Indre). — A Aigurande (Indre).

675 La Creuse à Glénic.
676 La Creuse à Chéniers.
677 L'écluse de Chambon (Creuse).

CHARBONNIER (Pierre), né à Vienne (Isère). — 13, rue de l'Ancienne-Comédie, 6e.

678 Nature morte.
679 Intérieur.

CHARCHOUNE (Serge), né à Bougourouslane. — Russe. — 59, avenue de Saxe, 7e.

680 Cubisme ornemental n° 42.
681 Cubisme ornemental n° 37.
682 Cubisme ornemental n° 48.

CHARLET (Albert). — 7, rue du Dôme, Paris, 16e.

683 Le roman.
684 Le miroir.
685 Etude.

CHARLIER (Charles-Henri), né à Paris. — A Cheny (Yonne).

686 Nature morte (peinture).
687 Dessin.
688 Portrait (peinture).

CHARON (Luc), né à Paris. — 33, rue Jacob, 6e.

689 Nature morte.
690 Nature morte.
691 Nature morte.

CHARPAUX (Marcel-Louis), né à Paris. — 8, rue Pruvot, à Vanves (Seine).

692 Vieille rue de Vanves (matin d'hiver).
693 Automne.
694 Paysage.

CHARRIER (Daniel), né à Monségur (Gironde). — 47, rue du Département, 18e.

    695 Mea-Culpa.

CHAURAND-NAURAC (Jean-Raoul), né à Lyon. — 89, rue de Vaugirard, 6e.

    696 Portrait.
    697 Jockey.
    698 Chevaux de course.

CHAUVEL (Georges), à Elbeuf (Seine-Inférieure). — 54, rue Lhomond, 5e.

    699 Ondine (plâtre).
    700 Cariatide (plâtre).

CHAUVET (Florentin-Louis), né à Béziers (Hérault). — 8 *bis*, rue François-Guibert, 15e.

    701 Torse de femme.
    702 Plaisir d'été.
    703 Gitane.

CHAUVET (Mme Odette), née à Nantes. — 4, Square Desnouettes, 15e.

    ***704** Jeune fille.
    705 Paysage.
    706 La fenêtre.

CHAUVIN, né à Rochefort-sur-Mer. — 6, rue Vavin, 5e.

    707 Sculpture.
    708 Sculpture.
    709 Sculpture.

CHAVENON (Roland), né à Paris. — 33, rue du Champ-de-Mars, 7e.

    710 Coin d'atelier.
    711 Nature morte (fruits décoratifs de Viaud-Bruant).
    712 Le jeune Hippolyte.

CHAZALVIEL (Albert-Edouard), né à Paris. — 344, rue Saint-Jacques, 5e.

    ***713** Portrait (appartient à l'auteur).
    714 Paysage.
    715 Paysage.

CHEMIN (Edgar-Gaston), né à Landouzy-la-Ville (Aisne). — 2, rue Dailly, Saint-Cloud (Seine-et-Oise).

    716 Matinée d'automne près Vernon (peinture à la détrempe).
    717 Après-midi d'automne (peinture à la détrempe).
    718 Impression matinale, Saint-Cloud (peinture à la détrempe).

CHÉREAU (Claude), né à Paris. — 3, boulevard Suchet, 16°.

    719 Femme nue tenant un collier de turquoises.
    720 Paysage : environs de Guéthary.
    721 Paysage : environs de Cambo.

CHÉRIANE (Mme), née à Paris. — 29, boul. des Batignolles, 8°.

    722 Promenade sur la Marne.
    723 Portrait.
    724 Femme.

CHICHMANIAN (Raphaël), né à Lidjk (Eghin), Arménie. — Arménien. — 2, passage de Dantzig, 15°.

    ***725** Portrait (appartient à l'auteur).
    726 Nature morte.
    727 Rochers dans l'île Callot (Carantec).

CHOLLET (Marcel), né à Genève (Suisse). — 17, rue Victor-Massé, 9°.

    728 Fruits.
    729 Anémones.
    730 Bouquet de roses.

CHOPARD (Gaston-Albert), né à Paris. — 35, r. des Trois-Bornes, 11°.

    731 Coqs perchés.
    732 Crécerelles dans les sapins.
    733 Écureuil.

CHOTIN (Marcel), né à Paris. — 119, avenue de Neuilly, à Neuilly-sur-Seine.

    734 Paysage.
    735 Paysage.
    736 Paysage.

CHOUMANOVITCH (Sava), né à Zagreb. — Yougoslave. — Zagreb (Yougoslavie).

    737 Le batelier.
    738 Banlieue de Paris.

CHRÉTIEN (Paul), né à Paris. — 7, rue des Saules, 18°.

740 Neige fondue, Chaumont-sur-Loire (Loir-et-Cher).
741 Saint-Gondon (Loiret).
742 Bords de Marne.

CHRISTIAN (Emile), né à Paris. — 95, rue des Poissonniers, 18°.

743 Joueur d'accordéon.
744 Rue de Norvins (Montmartre).
745 « Lapin Agile » (Montmartre).

CIEUTA (Marcel), né à Saulieu (Côte-d'Or). — 15, place Malesherbes, 17°.

746 Après-midi d'automne.
747 Vieux moulin en Morvan.
748 La rentrée au port.

CILA, né à Genève. — Suisse. — Les Milans-Aire (pendant la durée de l'Exposition domicilié à Paris).

749 Elévation (exécution en marbre).
750 Cila (exécution en marbre).
751 Champêtre (bas-relief en marbre ou bronze).

CIOLKOWSKI, né à Paris. — 26, rue Jacob, 6°.

752 Jeune fille au bord de la mer (noir et or).
753 Femme couchée dans un jardin.

CIZALETTI (Mme Emilie Gosselin-) née à Paris. — Italienne. — 18, rue Tronchet, 8°.

754 Vitrine :
  1. Serpent cuivre argenté (ceinture).
  2. Serpent gallalite (ceinture).
  3. Broche argent grosse turquoise.
  4. Broche argent grosse rose.
  5. Bracelet argent fleurette.
  6. Peigne corne (femme nue).
  7. Bracelet serpent argent.
  8. Boucles d'oreilles argent doré.
  9. Plaque de bras, bois sculpté.
  10. Bague argent grosse soufflure.
  11. Bague argent cœur améthyste.
  12. Bague argent grosse pierre verte.
  13. Bague argent et rubis.
  14. Couverture livre en bois sculpté.
  15. Sonnette bois et pierres.
  16. Buvard cuir repoussé (cheval).

CLAIRET (M.-M.-Félix), né à Mérinchal (Creuse). — 11, rue de
Montessuy, 7ᵉ.

755 En perm'.
756 Fleurs.
757 Frise pour chambre d'enfant (maquette).

CLAIRIN (Pierre-Eugène), né à Cambrai (Nord). — 36, rue Audi-
geois, Vitry-sur-Seine.

758 Portrait de la tendresse quotidienne.
759 Vue du braconnier.

CLARIL (Suzanne), née à Paris. — 16, rue Perceval, 14ᵉ.

760 Ramatuelle.
761 Ramatuelle.
762 En Provence.

CLAUDE, né à Epernay (Marne). — 155, rue Montmartre, 2ᵉ.

*__763__ La mère Gervais (appartient à l'auteur).
*__764__ Portrait de Mᵐᵉ S... (appartient à Mᵐᵉ S...)
*__765__ Portrait de Mᵐᵉ C... (appartient à Mᵐᵉ C...).

CLAUDE-LÉVY (Mˡˡᵉ), née à Nantes. — « Atelier Primavera », 64,
rue Caumartin, 9ᵉ.

765 bis Céramiques et verreries (Editées par les Magasins du Printemps.)

CLAUZEL (Gabrielle), née à Bergerac. — 9, rue Falguière (villa
Gabriel), 15ᵉ.

766 Fleurs.
767 Portrait.
768 Fleurs.

CLAVET (Jean), né à Périgueux. — 92, rue de Montreuil, 11ᵉ.

769 Etude.
770 Marie-Antoinette, le matin du 16 octobre 1793
(la Reine est peinte d'après une gravure du
temps).
771 Etude de tête.

CLAYBROOKE (Edouard de), né à Paris. — 26, avenue de Neuilly,
Neuilly-sur-Seine.

772 Hêtres en lisière de forêt.
*__773__ Hortensias blancs (appartient à Mᵐᵉ de C...)
774 Etude de nu.

CLÉMENT-RENÉ (Paul-Henri), né à Paris. — 14 *bis*, Hameau Boileau (38, rue Boileau), 16e.

    775 L'épouvantail.
    776 Rivalité.
    777 Rien ne sert de courir.

CLERGÉ (Auguste), né à Troyes. — 59, rue Notre-Dame-des-Champs, 6e.

    778 Peinture.
    779 Peinture.
    780 Peinture.

CLUZEAU (Pierre-Antoine), né à Saint-Mandé (Seine). — 21, avenue de l'Etoile, Le Parc-Saint-Maur (Seine).

    781 En suivant la Marne (panneau de 17 eaux-fortes originales).
    782 Clair de lune (eau-forte originale).
    783 Vieille arche du pont de Pirmil, Nantes (eau-forte originale).

CLUZEAU (Jean-Arthur), né à Coulaures (Dordogne). — Avenue de l'Hippodrome, à Champigny (Seine).

    784 Matinée à Bry-sur-Marne.
    785 Coucher de soleil.
    786 Nature morte.

COCKX (Philibert), né à Ixelles. — Belge. — 6, chaussée d'Alsemberg (Uccle-Calevoet lez Bruxelles). — (*Voir à la Section Belge.*)

    787 Nu.
    788 La dame en bleu.

CODREANO (Iréna), née à Bucarest. — Roumaine. — 16, rue de Tournon, 6.

    ***789** Buste de M. Van R. Smith (en bronze).
    ***790** Buste de M. Viviani (en plâtre peint).
    791 Dessin.

CŒURET (Alfred-Léon), né à Paris. — 72, rue de Clamart, à Châtillon-sur-Bagneux.

    Paysages de Banlieue :
    792 Les Pavillons.
    793 Pavillon au bord de l'eau.
    794 Derrière l'Eglise.

COIGNET (Francis), né à Lyon. — 2, rue Ernest-Renan, à Issy-Les-Moulineaux (Seine).

   795 Intérieur.
   796 Nature morte.
   797 Les bassins.

COLANGE (Gustave), né à Paris. — Garnetot, par Montpinçon (Calvados).

   798 Printemps normand.
   799 Chaumière en Normandie.
   800 Reflets dans l'eau.

COLIN (Paul-Emile), né à Lunéville (Meurthe-et-Moselle). — 24, chemin latéral, à Bourg-la-Reine (Seine).

   801 Porteuse de vin à Capri.
   802 Repos dans la montagne.
   803 La bergère (eau-forte).

COLIN (Olivier), né à l'Ile-de-Bréhat (Côtes-du-Nord). — 14, rue des Princes, à Boulogne-sur-Seine.

   804 Ile de Bréhat (le port).
   805 Ile de Bréhat (village).
   806 Les porteurs d'eau.

COLIN (Roberto-Augusto), né à Saint-Luiz-de-Maranhão. — Brésilien. — 70, rue Damrémont, 18e.

   807 Paysage amazonien.
   808 L'arbre jaune.
   809 Jeunes filles.

COLLOT (Charles), né à Nancy. — 31, avenue d'Eylau, 16e.

   810 La rose de Grenade.
   811 Fabiola.
   812 Etude.

COMMAUCHE (Jean-François), né à Paris. — 35, boulevard Bonne-Nouvelle, 2e.

   813 Chemin breton.
   814 Matin à l'île de Bréhat.
   815 L'Oldenhorn (Oberland bernois).

COMMELIN (Maurice-Hyacinthe), né à Paris. — 10, rue Herran, 16e

   816 La musique moderne (Vision).
   ***817** La baignade (appartient à M. Chapeau).
   ***818** Paysage (appartient à l'auteur).

CONINCK (Robert de), né à Bolbec (Seine-Inférieure). — Villa Marguerite, rue Marius-Aune, à Cannes (Alpes-Maritimes).

    819 Baccara.
    820 Chiromancienne.
    821 Vieille noblesse.

CONRAD-KICKERT. — « L'Enclos de Talou », par Chevreuse (Seine-et-Oise).

    822 Au bord de l'Yvette.
    823 Nature morte.

CONVERSE (Lily), née à Pétrograd. — Américaine. — Chez Mme Duchamp-Villon, 7, rue Lemaître, à Puteaux.

    824 Peinture.
    825 Peinture.
    826 Pueblo (New-Mexico).

COQ (Honoré), né à Bois-le-Roi (Seine-et-Marne). — 5, rue Emile, à Stains (Seine).

    827 Bords de l'Oise.
    828 Nature morte.
    829 Bords de l'Oise.

COQUARD (Louis), né à Ambrault (Indre). — 17, avenue de Paris, à Auxerre.

    830 Vallée de la Cure.
    831 Automne (Asquins).
    832 Soir en Morvan.

CORDIER (M.-L.), né à Lyon. — 36, rue de Fleurus, 6e.

    833 Peinture.
    834 Peinture.
    835 Peinture.

CORENTIN (Marcel), né à Saint-Fargeau (Yonne). — 20, rue des Tournelles, 4e.

bis   **835** *a* Lande bretonne.
    835 *b* Pointe de Leidé (Finistère).
    835 *c* Étude, baie de Douarnenez.

CORFU (Georges-Félicien), né à Jonchery-sur-Vesles (Marne). — 86, rue Lamarck, 18e.

    836 Louisa.
    837 La route de Fontenoy à Vic-sur-Aisne.
    838 Paysage à Vic-sur-Aisne.

CORMIER (Mme Alice), née à Paris. — 19, rue Poncelet, 17°.

bis { **838** *a* Devant la glace.
838 *b* Lecture.
838 *c* Nouant ses cothurnes.

CORMIÉRUS (Alain), né à Paris. — 17, rue Leriche, 15°.

*839 Portrait
840 Nature morte.

CORNET (Paul), né à Paris. — 54, rue Math.-Régnier, 15°.

*841 Buste de jeune homme (appartient à Mme L. H.)
842 Buste de femme (terre cuite).
843 La femme de ménage (pierre).

CORNILLEAU (Raymond), né à Paris. — 1, rue Vercingétorix, 14°.

844 Le retour des champs.
845 Jeune homme en oriental

CORNILLON-BARNAVE (Charles-Marie-Joseph), né à Marseille. —
16, rue Clavel, 19°.

*846 Portrait de Mlle Anne-Marie P... (appartient à
M. P...)

CORPET (Etienne), né à Paris. — 158, rue de Charonne, 11°.

847 Pêches et raisins (nature morte), appartient à
M. F. C...
848 Livres (nature morte).
849 Poires (nature morte).

CORTES (Edouard-Léon), né à Lagny. — 22, rue Macheret, à Lagny
(Seine-et-Marne).

850 Intérieur (effet de lampe).
851 Crépuscule (Paris).
852 Effet de lumière.

COSYNS (François-Antoine), né à Malines (Belgique). — 22, rue
Monsieur-le-Prince, 6°.

853 La toilette.
854 Nature morte.
855 Nature morte.

COUBERTIN (Mlle Marie-Marcelle de). — 9, rue Campagne-Première, 14°.

856 Etude de femme.
857 Etude.
858 Nature morte.

COUBINE (O.), né à Boskowitz. — Tchéco-Slovaque. — Chez M. Bassler, 4, rue des Chartreux, 6°.

bis {
858 *a* Composition.
858 *b* Composition.
858 *c* Portrait.

COUDARD (Edouard-Emile), né à Brienne-la-Vieille (Aube). — 31, rue des Dames, 17°.

859 Pommes.
860 La Seine à Sartrouville.
861 Nature morte (dinde).

COUDERC (Georges), né à Paris. — 39, boul. Saint-Jacques, 14°.

862 Fruits.
863 Marine : Le Larandon.
864 La plage de St-Clair.

COUEZ (Jules), né à Valenciennes (Nord). — 80, rue Quincampoix, 3°.

865 Croquis rehaussés.
866 Portrait de l'auteur (aquarelle).
867 Croquis.

COULET (Léon-Gabriel-Louis), né à Montpellier (Hérault). — 12, rue de l'Echiquier, 10°.

868 Vierge (étude pour une chapelle), sculpture.
***869** Buste d'enfant (sculpture), appartient à l'auteur.

COULOMBIÉ (Robert), né à Villeneuve-sur-Lot. — 16 *bis*, rue Barada, à Bordeaux.

870 Paysage aux meules de foin.
871 A Arès : Bassin d'Arcachon.

COULON (Henri), né à Paris. — 37, rue de Châteaudun, 9°.

872 Le matin (Creuse).
873 Le soir (Vienne).
874 Vue du Pont Noir au Pin (Indre).

COITEUX-THIÉRY (Mme Marie), née à Paris. — 12, rue Berthier, à Pantin (Seine).

875 Moret : Le Loing.
876 Montreuil-Bellay : Le Toucet.
877 Juvisy : l'Orge.

CREEFT (José de), né à Madrid. — Espagnol. — 17, rue Lauriston, 16e.

bis
- 877 a Bas-relief n° 1 (Produit d'un recueillement absolu foudroyant la terre).
- 877 b Bas-relief n° 2 (Extériorisation de profonds sentiments).
- 877 c Femme au fauteuil.

CRÉPU (Louis), né à Nîmes (Gard). — 49, rue Etienne-Marcel, 1er.
- 878 Dans l'atelier.
- 879 Berneval près Dieppe.

CRISSAY (Mme Marguerite), née à Mirecourt (Vosges). — 7, rue
Belloni, 15e.
- *880 Le violoncelliste (appartient à M. V...)
- *881 Portrait du peintre Chavenon (appartient à M. C...)
- 882 Nature morte à la tête de mort.

CROCHET (Suzanne), née à Genouilly (Cher). — 13, boulevard
Henri-IV, 4e.
- 883 Nu.
- 884 Fleurs.
- 885 Fleurs.

CRONIER (Colette), née à Montmorency. — 11, rue des Sablons, 16e.
- *886 Portrait de Mlle J. R. (appartient à Mlle J. R...)
- *887 Versailles (appartient à l'auteur).
- *888 Versailles (appartient à l'auteur).

CROTTI (Jean), né à Bulle. — Suisse. — 5, rue Parmentier, Neuilly-
sur-Seine.
- 889 Vision Tabu.
- 890 Explicatif.

CROZET (Maurice), né à Paris. — 44, rue des Pyrénées, 20e.
- 891 « Ecce Homo ».
- 892 Etude de chat.
- 893 Etude de chat.

CUGUEN (Victor-Louis), né à Pontorson (Manche). — 2, rue Pei-
resc, à Toulon (Var).
- 894 Les Martigues.

CYR (Georges-Albert), né à Montgeron. — 11, rue Alsace-Lorraine,
Rouen, et 109, rue de Courcelles, 17e.
- 895 La terrasse.
- 896 Notre-Dame de Paris.
- 897 Nature morte.

DABROWA (Eugeniusz), né à Varsovie (Pologne). — Polonais. —
34, rue de Buci, 6e.

898 Le printemps.
899 Le jour chaud.
900 Après la pluie.

DAEYE (Hippolyte), né à Gand. — Belge. — 45, avenue Cogels, à
Anvers. — (*Voir à la Section Belge.*)

901 Portrait de mon fils.
902 Nu.

DAGBERT (Georges), né à Boulogne-sur-Mer (Pas-de-Calais). —
14, rue de la Victoire, Paris-9e.

903 La toilette.
904 Nature morte.
905 Fruits.

DANIS (Georges-Jean-Baptiste), né à Bapaume (Pas-de-Calais). —
28, rue de Neuilly, à Rosny-sous-Bois (Seine).

906 La mare.
907 La poésie.
908 Les corbeaux.

DANNENBERG (Alice), née à Riga. — Province baltique. — 84, rue
d'Assas, 6e.

909 Roses (nature morte).
910 Effet de vent (Etaples).
911 Fleurs.

DANNET (Henry-Félix), né à Gassicourt (Seine-et-Oise). — Route
de Lisieux-Saint-Germain, à Pont-Audemer (Eure).

912 Eglise St-Ouen de Pont Audemer.

DANTU (Georges), né à Paris. — 14, rue Lafontaine, 16e.

913 Neige de cerisiers au Japon.
914 Torü sous la neige à Myajima.
915 Les érables rouges au Japon.

DARCHE (Thérèse), née à Bussières-les-Belmont (Haute-Marne). —
60, rue Saint-Placide, 6e.

916 Chrysanthèmes (sépia).
***917** Portrait (pastel), appartient à Mme D...

DARME (Fernand), né à Lille. — 65, rue de la Chapelle, 18e.

918 Danseuse espagnole.
919 L'heure du bain.
920 Joueuse de golf.

DANDEL (Nils de), né à Stockholm. — Suédois. — 108, rue Lepic, 18e.

    921 Composition.

DAVAUX (Robert), né à Seneffe. — Belge. — 11, rue du Regard, 6e. — (*Voir à la Section Belge.*)

    922 Danseuse d'Espagne (peinture).
    923 La femme à la grappe (eau-forte).
    924 Tête de vieillard (dessin).

DAVENTURE (Henri), né à Libourne. — 46, rue François-de-Sourdis, à Bordeaux.

    925 Nu.
    ***926** Portrait (appartient à l'auteur).
    927 Paysage.

DAVID (Hermine), née à Paris. — 28, rue d'Odessa, 14e.

    928 Noce à Saint-Cloud.
    929 Peinture.
    930 Peinture.

DAYNES (Victor), né à Colmar (Haut-Rhin). — 115, rue Bolivar, 19e.

    931 Salomé.

DAYNES-GRASSOT-SOLIN (Mme Suzanne), née à Paris. — 17, chemin des Longues-Raies, à Nanterre (Seine).

    932 La fête du printemps (esquisse).
    933 La danseuse aux roses.
    934 Dans les fougères (nu).

DAYOT (Magdeleine-A.), née à Paris. — 8, boulevard Flandrin, 16e.

    935 Sur une terrasse.
    936 Le bouddha aux amaryllis.
    937 Coin de balcon.

DEBOS (Robert), né à Rouen (Seine-Inférieure). — 26, rue du Départ, 14e.

    938 Ma fenêtre (La Napoule).
    939 Sur le perron.
    940 La tunique orange.

DE BOTTON (Isy), né à Salonique. — 35, boul. Haussmann, 9e.

    941 Paysage méditerranéen.
    942 Petit port en Provence.
    943 Martigues, Venise provençale.

DEBOURG (Edouard), né à Versailles. — Gargilesse (Indre).

    944 Collonges : la ville rouge (peinture).
    945 Collonges : la ville rouge (aquarelle).
    946 Collonges : la ville rouge.

DECŒUR (Louis-François), né à Jambes (Namur). — Belge. — Avenue Privée, 2, Strombeck, Bruxelles. — (*Voir à la Section Belge.*)

    947 Femme à l'éventail.
    948 Chemin creux.
    949 Fleurs.

DEGRUELLE (Gabriel-Hermann), né à Messas (Loiret). — 17, rue Lepic, 18e.

    950 Les meules.
    951 Le ruisseau.
    952 Pommes et œillets.

DEGUERET (Yvonne), née à Paris. — 125, rue Legendre, 17e.

    953 Essai d'une « Indépendante ».
    954 La pocharde.
    955 Détresse.

DEKAT (Anne), né à Delft. — Belge. — Chaussée du Vleurgat, 11, Ixelles-Bruxelles. — (*Voir à la Section Belge.*)

    956 Jeune fille au piano.
    957 Champ de blé.
    958 Nu à la fenêtre.

DELACROIX (Paul), né à Paris. — 38, rue Fessart, 19e.

    959 Coin de jardin.
    960 Coin de jardin.
    961 Jardin italien (automne).

DELESALLE (Emmanuel), né à Paris. — 15, rue Sedaine, 11e.

    962 Place du Tertre.
    963 Portrait de l'artiste.
    964 Nature morte.

DELÉTANG (Robert-Adrien), né à Preuilly (Indre-et-Loire). — 4, avenue de Longchamp, Coteaux-de-Saint-Cloud (Seine-et-Oise).

    965 Espagnole.
    966 Paysage.
    967 Paysage.

DELEY (Mme Jeanne), née au Creusot. — 17, r. de Saint-Senoch, 17°.

968 Nu.
969 La poupée.
970 La moune.

DELORME (René), né à Paris. — 83, rue Joseph-Gaillard, à Vincennes.

971 Eux aussi.

DELATOUSCHE (Germain), né à Châtillon (Eure-et-Loir). — 31, rue Jeanne, 15°.

972 Porte de Vanves.
973 Nu.
974 Femme au bar.

DELTOMBE (Paul), né à Catillon (Nord). — 49, rue Beaunier, 14°, et 30, rue Lamartine, à Nantes.

975 Porteuse de fruits.
976 Nature morte.

DELVIGNE (Julien), né à Garches. — 11 *bis*, boulevard de la Station, à Garches.

977 Matinée d'automne.
978 Matinée de printemps.

DEMEURISSE (René), né à Paris. — 10, imp. du Mont-Tonnerre, 15°.

979 Nu.
980 Etude.
981 Etude.

DENAYER (Félix), né à Ixelles-Bruxelles. — Belge. — 33, rue du Dragon, 6°.

982 Le chemin.
983 Paysage.

DENIER (Jacques), né à Paris. — 117, r. Notre-Dame-des-Champs, 6°.

984 Le bateau à vapeur.
985 Le poirier.
986 Nature morte : soucis.

DENIS-VALVÉRANE (Louis-Joseph), né à Manosque (Basses-Alpes). — 61, impasse La Lauzière, à Asnières.

987 Juives au bain.
988 Femme assise.
989 Paysage provençal.

DENISSE (Julien-Jean-Baptiste), né à Bordeaux. — 2, boulevard du
Mont-Boron, à Nice (Alpes-Maritimes).

bis { **989** *a* Baie des Anges (coucher pourpre).
989 *b* Baie des Anges (coucher doré).
989 *c* Baie des Anges (temps gris).

DEON (Georges), né à Montargis. — 19, boulevard Victor (4 *bis*,
square Desnouettes), 15e.

990 Brétigny en Côte-d'Or.
991 Jardin parisien.
992 Morigny (Ile de France).

DERCHE (Jules-Henry), né à Colombes (Seine). — 11, rue de la
Tour, 16e.

993 Marseille, St-Loup (automne), aquarelle.
994 Marseille : quai de Rive Neuve, trois mats espagnol, (aquarelle).
995 Marseille : plan de Cuques (grisaille du matin),
aquarelle.

DERVAUX (Paul-J.-J.), né à Lannoy. — 18, rue de Tournon, 6e.

***996** Portrait de Mme P. D... (appartient à Mme P. D...)
997 Portrait de Mlle A...
998 Guitariste.

DESAGE (Charles), né à Paris. — 14, rue Faidherbe, 11e.

999 Portrait de Mlle Paule C...
1000 Opium.
1001 Femme nue.

DESCHLY (Mlle Irène), née à Bucarest. — Roumaine. — 40, rue
Desaix, 15e.

1002 La pensée.
1003 Le Luxembourg au crépuscule.
1004 Paris-XVe.

DESÈVRE (Maurice-Henri-Victor), né à La Bove (Aisne). — 59, avenue Mozart, 16e.

1005 Bacchus ivre.
1006 Paysage (l'allée).
1007 Paysage (la ruine).

DESHAYES (Frédéric-Léon), né à Paris. — 110 *bis*, rue Mar-
cadet, 18e.

1008 Les pommes de terre.

DESLIGNÈRES (André), né à Nevers. — 6, boulevard de Clichy, 18e.

1009 Nu.
1010 En Corse.

DESPREZ (Simone), née à Amiens. — 29, rue de la Bordère, à Neuilly-sur-Seine (Seine).

1011 Etude.
1012 Etude.
1013 Le verger.

DESTREM (Viollette-Antoinette), née à Paris. — 75 *ter*, avenue Wagram, 17e.

1014 Chrysanthèmes.
1015 Soleils.
1016 Nature morte.

DETRAUX (Mme Yvonne-Marcelle), née à Saint-Aubin-sur-Mer. — 83, rue Notre-Dame-des-Champs, 6e. Atelier : 13, rue Boissonade, 14e.

1017 Paysage.
1018 Nature morte.
1019 Paysage.

DETTHOW (Eric-Otto), né à Vanersborg. — Suédois. — Cité Falguière, 14e.

1020 Femme.
1021 Composition.
1022 Nu.

DEVERIN (Roger), né à Paris. — 7, rue Daguerre, 14e.

1023 Panneau décoratif.
1024 Paysage (détrempe).
1025 Paysage (détrempe).

DEVÈZE (Fernand), né à Avignon. — 43, rue Four-de-la-Terre, à Avignon.

1026 La cour de la gare d'Avignon.
1027 Le chemin dans la montagne.
1028 L'écolier studieux.

DEVILLAIRE (Antoinette), née à Montereau (Seine-et-Marne). — 57, Grande-Rue, à Montereau (Seine-et-Marne).

1029 Nature morte.
1030 La ruelle ensoleillée.
1031 Vieilles choses.

DEWIS (Louis). — Belge. — 28, rue Chaptal, 9°. — (*Voir à la Section belge.*)

1032 Le port de Zeebrugge.
1033 La tour de Lissewegh (Flandres).

DEYDIER (René), né à Avignon. — 87, rue Denfert-Rochereau, 14°.

*1034 Portrait (appartient à l'auteur).
1035 La corniche (Marseille).
1036 Liseuse.

DEZAUNAY (Guy), né à Nantes (Loire-Inférieure). — 10, rue Cassette, 6°, et 15, Folies Chaillou, à Nantes.

1037 Plage à Noirmoutiers.
1038 La ferme.
1039 Rochers au Croisic.

DIAZ DE SORIA (Robert), né à Bordeaux. — 66 *bis*, rue des Aubepines, à Bois-Colombes (Seine).

1040 Portrait d'un musicien : Léonidas Léonardi.
1041 Paysage.
1042 Paysage.

DICH (Anton), né à Copenhague. — Danois. — Route de Castellar, à Menton (Alpes-Maritimes).

1043 Portrait d'Eve et Hanna.
1044 Portrait de ma femme.
1045 Portrait de moi-même.

DILIGENT (Raphaël-Charles-Louis), né à Flize (Ardennes). — Dampmart (Seine-et-Marne).

1046 Statuette (bois).
1047 Esquisse (plâtre).
1048 Statuette (bois).

DIDIER (Charles-Henri), né à Souvigny (Allier). — Varennes-sur-Allier.

*1049 L'Aumance à Hérisson (aquarelle).
*1050 Soir de février (aquarelle).
*1051 Novembre aux bords de l'Allier (aquarelle).

DIENER (Henry), né à Paris. — 45, rue Vandamme, 14°.

1052 Portrait de Tzigane.
1053 Portrait.
1054 Tête de jeune fille.

DIEULAFÉ (Yvon), né à Béziers. — 16, avenue Trudaine, 9e.

    1055 Vallon de Cavé.
    1056 Vue générale d'Erquy (contre-jour).
    1057 La brise acide du matin.

DIGNIMONT (André), né à Paris. — 70, boul. Edgar-Quinet, 14e.

    1058 La jarretière.
    1059 La danse à l'accordéon.
    1060 Dessin.

DI LADO (Goudiachvili), né à Tiflis. — Georgien. — 4, rue Huyghens, 14e.

    1061 Bombance en plein air.
    1062 Bombance en plein air.
    1063 L'Adoration des Mages.

DINKÈS (Suzanne), née à Paris. — 42, rue Alexandre-Dumas, 11e.

    1064 Portrait.
    1065 Portrait.
    1066 Portrait.

DODEL-FAURE (Mme Elisabeth), née à Issoire (Puy-de-Dôme). — La Sauvetat (Puy-de-Dôme).

    1067 Ile de la Couze à Champeix.
    1068 Soleil d'automne.
    1069 L'entrée du village.

DOLLIAC (Henri-Emile), né à Paris. — 83, rue de Bagnolet, 20e.

    *1070 Buste d'enfant (sculpture).
    *1071 Buste d'enfant (sculpture).
    *1072 Paysanne comtoise (peinture).

DOLLIAN (Guy-L.), né à Paris. — 89, rue Caulaincourt, 18e.

    1073 Le beau dimanche.
    1074 La loge.
    1075 Le Christ en croix (dessin).

DONGEN (Kees Van), né à Rotterdam. — Hollandais. — 29, Villa Saïd, 14e.

    1076 Un homme d'affaires.

DORÉ (Geneviève), née à Paris. — 107, avenue Henri-Martin, 16e.

    1077 La route à Villers.
    1078 Femme couchée au bord du lac.
    1079 L'église de Villers.

DOUROUZE (Daniel), né à Grenoble. — 6, Chaussée de la Muette, 16.*
1080 Aquarelle.
1081 Aquarelle.
1082 Peinture.

DROIN (Jacques), né à Joigny (Yonne). — 91, rue de Long-champ, 16.
1083 Gravure sur bois.
1084 Gravure sur bois.
1085 Gravure sur bois.

DROPPE (Marie), née à Toulouse-du-Jura (Jura). — 35, rue de Sèvres, 6°.
1086 Enfants et papillons.
1087 La visitation.
1088 Idylle.

DROUART (Raphaël-Maurice), né à Choisy-le-Roi (Seine). — 5, rue François-Guibert, 15°.
1089 Les Hyades.
1090 Sirènes.
1091 Scène.

DROUET-CORDIER, né à Paris. — 24, rue Folie-Méricourt, 11°.
1092 Étude d'enfant.
1093 Étude d'enfant.
1094 Sur la plage.

DROUOT (Gaston), né à Paris. — 97, rue de Paris, à Clamart (Seine).
1095 Entrée du village (aquarelle).
1096 Le vieux moulin (aquarelle).

DUBREUIL (Ginch), né à St-Cloud (S.-et-O.). — rue Coysevox, 18°.
1096 *a* Mon premier mot en peinture.
bis **1096** *b* Nocturne (projet), pour Apollinaire (décoration aquarelle).
1096 *c* Tirer de Rieu (décoration aquarelle).

DUBREUIL (Pierre), né à Quimper. — 3, Villa Brune, 14°.
1097 Peinture.
1098 Peinture.

DUCHAMP (Mme Suzanne), née à Blainville (Seine-Inférieure). — 5, rue Parmentier, à Neuilly-sur-Seine.
1099 Solitude entonnoir.
***1100** Ariette d'oubli.
1101 Radiation.

DUCRET (Marcelle), née à Lausanne. — Suisse. — 76, rue d'Assas, 6e.

***1102** Portrait de Mme H... (appartient à Mme H...)
1103 Etude.
1104 Etude.

DUCRUET (Pierre), né à Paris. — 35, rue Charlot, 3e.

***1105** Notre-Dame de Paris.
***1106** Pont Saint-Michel.
***1107** Rue Elie-Fréron (Quimper).

DUFOUR (Jean-Jules), né à Toulouse. — 35, rue Tournefort, 5e.

1108 Tristesse.
1109 Paysage d'hiver.
1110 Etude.

DUFOUR (Eugène-François), né à Paris. — 6, rue de La Michodière, 2e.

1111 Les bords de la Jalle Saint-Médard, près Bordeaux.
1112 Port de Binic (Bretagne).
***1113** M. Baretta, préparateur d'anatomie dans son atelier . Hôpital Saint-Louis (appartient à M. Halter).

DUFRENE (Michel), né à Saint-Laurent-les-Mâcons. — 7, rue Campagne-Première, 14e.

1114 Voiles de Bagdad.
1115 Rencontre (partie de cinq panneaux).
1116 Deux gravures sur bois.

DUFRESNE (Charles), né à Millemont (Seine-et-Oise). — 33, quai d'Anjou, 4e.

1117 Nature morte.
1118 Portrait.

DUHAUPAS (Maurice), né à Paris. — 15, rue Racine, 6e.

1119 Notre-Dame.
1120 Nature morte.
1121 Paysage d'hiver.

DULAC (Guillaume), né à Fumel. — 26, rue Pigalle, 9e.

1122 Nymphes du Lot.
1123 Etude.

DU MARBORÉ, né à Paris. — 154, rue Saint-Maur, 11e.

1124 Nus.
1125 Marin jouant aux cartes.
1126 Françine et son manchon.

DUMAS (Jean-Baptiste), né à Lyon. — 64, rue des Vignes, 16e.

1127 Paysage de Saône.
***1128** Le soleil sur mon seuil (paysage), appartient à l'auteur.
***1129** Portrait du poète G. Lorin (appartient à M. G. Lorin).

DUMONT (Henri-Élie), né à Bordeaux. — 17, faub. Montmartre, 9e.

1130 Au Bois de Boulogne.
1131 Sur les collines de Vernon.
1132 Lisière de bois.

DUMONT (Pierre-Jean), né à Paris. — 1, rue d'Orchampt, 18e.

bis { ***1132** a Notre-Dame (appartient à M. Jep).
1132 b Peinture.
1132 c Peinture.

DU MONT (Pierre-Lucien), né à Paris. — 93, rue du Bac, 7e.

bis { **1132** d Un panneau décoratif (étain martelé).
1132 e Une vitrine d'étains.

DUMOULIN (Georges-Marcel), né à Vitteaux (Côte-d'Or). — 8, rue Alphonse-Daudet, 14e.

1133 Le bief du moulin.
1134 Avenue de Trianon (Saint-Cloud).
1135 Le Croisic (temps gris).

DUNET (Alfred), né à Rouen. — 30, rue Théodore-Lebreton, à Rouen.

1136 Maddy.
***1137** Nu (acquis par la Ville de Rouen).

DUPONT (Victor), né à Boulogne-sur-Mer. — 2, passage de Dantzig, 15e.

1138 Peinture.
1139 Peinture.
1140 Dessin.

DUPUY (Émile), né à Paris. — 14, rue du Colonel-Moll, 17°.

1141 Nature morte (chinoiseries).
1142 Port de La Rochelle.
1143 Intérieur.

DUREL (Gaston-Jules-Louis), né à Gaillac (Tarn). — 44, rue Damrémont, 18°.

*1144 Portrait de Mme G. Toulousy (retour de bal masqué), appartient à M. G. Toulousy.
1145 Portrait de chef marocain.
1146 Porte arabe Bab Dekaken (Fez).

DURENNE (Eugène-Antoine), né à Paris. — Chez M. Durand-Ruel, 16, rue Laffitte, 9°.

1147 Géraniums.
1148 L'Enfant au livre.
1149 La corniche.

DUREY (René-Jean), né à Paris. — 4, square Desnouettes, 15°.

1150 Le village.
1151 Nature morte.
1152 Paysage.

DUSEK (Jean-V.), né à Fabor (Bohême). — Tchéco-Slovaque. — 3, rue du Havre, 8°.

*1153 Etude de tête de Jean Hus pour son monument à Jindr-Hradec en Bohême (plâtre).
*1154 Etude de nu (Forso), plâtre.
*1155 Maquette de médaille pour les volontaires tchèques de France (plâtre).

DUSSAULT (Arthur), né à Villeneuve-sur-Yonne (Yonne). — 40, avenue de Gravelle, à Charenton.

1156 La Cure près Cravant (Yonne).
1157 Vieux chemin de Servos, aux Houches (Haute-Savoie).
1158 Chemin de la Mine aux Houches (Hte-Savoie).

DUTREY (Adrien-Alexis), né à Briot (Oise). — 11, rue Saulnier, 9°.

1159 La mer à Ploumanach'.
*1160 La Seine à Bougival.
*1161 Le lac d'Annecy.

EBERE (François-Zdenek), né à Prague. — Tchèque. — 4, rue Camille-Tahan, 18°.

1161 bis « Ris donc, ils ont payé! »
1162 Le jugement.
***1163** Portrait de Miss W...

ECREMENT (Odon-Louis), né à Paris. — 39 bis, rue des Verrières, à Antony (Seine).

1164 Jeunes baigneuses.
1165 Le chien dans le jardin.
1166 Femme et chien.

EDELMANN (Charles-Auguste), né à Soultz-sous-Forêts. — 18, rue des Plantes, 14°.

1167 Figure nue.
1168 Le petit port.
1169 Le petit port le soir.

EDJÉ (André-Henri-Louis), né à Paris. — « Les Jardinets », Poissy Seine-et-Oise).

bis { **1169** a La Seine à Maisons (dessin rehaussé d'aquarelle).
1169 b Nymphes et Satyre (dessin).
1169 c Impression de Londres (dessin rehaussé d'aquarelle).

EDY-LEGRAND, né à Bordeaux. — 25, rue Victor-Massé, 9°.

1170 L'atelier.
1171 Nu accroupi.

EGGIMANN (Jules-Pierre), né à Alais (Gard). — 19, rue Mouton-Duvernet, 14°.

1172 Fleurs.
***1173** Portrait (appartient à M. E. V...)
1174 Étude.

EISENSCHITZ, (Willy), né à Vienne. — Autrichien. — 8, rue de Tournon, 6°.

1175 Collines (environs de Menton).
1176 Fleurs.
1177 Paysage.

EKEGARDH, né à Stockholm. — Suédois — 85, rue Lafontaine, 16°.

1178 Nus.
1179 Portrait.
1180 Nu.

EPSTEIN (Henri), né à Lodz. — Russe. — 2, passage Dantzig, 15e.

    1181 Peinture.
    1182 Peinture.
    1183 Peinture.

ERCEVILLE (Wenceslas d'), né en Pologne. — Polonais. — 16 *bis*, boulevard Saint-Jacques, 14e.

    1184 La vieille au coucher du soleil.
    1185 Etude.
    1186 Etude.

ERITZIANE (Jean), né à Smyrne. — Français. — 7, rue Chaptal, 9e.

    ***1187** Portrait de A. Willette (propriété de M. A. Willette), pastel.
    1188 La volupté (pastel).
    1189 Eve parisienne (pastel).

ENTHOVEN (Laure), née en Belgique. — Belge. — 19, boulevard Victor, 15e. — *Voir à la Section Belge.*

    1190 Portrait de Mme D...
    1191 Route de Saint-Tropez.
    1192 Tête d'enfant.

ETEVE (Raoul), né à Montmorillon (Vienne). — 9, rue de Clignancourt, 18e.

    1193 Vieux coin à Montmartre, rue des Saules.
    1194 La Maison de Mimi Pinson, rue du Mont-Cenis à Montmartre.
    1195 Etude (paysage).

ETHORÉ (Jean), né à Paris. — 7, villa Schutz, à Bois-Colombes (Seine).

    1196 Le pont des Arts.
    1197 Fleurs et vase.
    1198 Fruits.

EVELYNE-LAURANT (Mme Jeanne). — 25, rue Sarrette, 14e.

    1199 Store en tulle peint « L'Oiseau revient au nid ».
    1200 Panneau peluche pour écran (corbeille : roses et papillons).
    1201 Robe bébé crêpe chine vieux rose, garnie de bleuets.

EWALD (Pierre-Albert), né à Paris. — 14, avenue Bosquet, 7º.

    1202 La Sablière ; Chaville.
    1203 Cimetière ; Chaville.
    1204 Seine (aquarelle).

FABIAN (Henri-Adolphe-Paulin), né à Étampes (S.-et-O.). — 38, rue de Saintonge, 3º.

    1205 La plaque souvenir.
    1206 Lever de lune (paysage).

FALTER (Marcel), né à Dieuze (Moselle). — 6, rue des Écoles, 5º.

    1207 Les bords de la Seine.
    1208 La roulotte verte.
    1209 Étalon ardennais (Haras de Strasbourg).

FARGUE (Claire), née à Kiew (Russie). — Russe. — 7, rue de Médéah, 14º.

    1210 Jeunes filles jouant à la balle.
    1211 Jeunes filles.
    1212 Au crépuscule.

FAUCHER (Georges-Henri), né à Paris. — 233, rue St-Honoré, 1er.

    ***1213** Un carton étude, école de rééducation (1917-1918), appartient à l'auteur.
    ***1214** Loisir au sanatorium (dessins), appartient à l'auteur.
    ***1215** Dessin (appartient à l'auteur).

FAUCHET (Raymond), né à Bruyère-le-Châtel. — 11, rue Pasteur à Saint-Cloud (S.-et-O.).

    1216 Nature morte.
    1217 Pommes.
    1218 La dame en bleu.

FAURE (Gabriel), né à Moulins (Allier). — 58, rue des Dames, 17º.

    ***1219** Fleurs des champs (appartient à Mlle X...).
    1220 Nature morte.
    1221 Ciel d'été.

FAURE (Gabrielle), née à Lumbin (Isère). — 20, rue Cassette, 6º.

    1222 Environs de Sienne.
    1223 Rue à Sienne.
    1224 Rue à Sienne.

FAURE (Alphonsine), née à Buxières (Allier). — 6, boulevard de la République, à Chatou (S.-et-O.).

1225 Roses (aquarelle).
1226 Iris et roses (aquarelle).
1227 Panier de cerises (aquarelle).

FAVAL (Paul-Antoine), né à Paris. — 25, faub. Montmartre, 9ᵉ.

1228 Moulin de Douves.
1229 Etude de nu.
1230 Portrait de Mᵐᵉ X...

FAVORY (André), né à Paris. — 4, villa des Camélias, 14ᵉ.

1231 Le repos du modèle.
***1232** Portrait de Mˡˡᵉ Arlette de F... (appartient à Mˡˡᵉ A. de F...).
1233 « Andvolite » de Jacques Portail (eaux-fortes pour illustrer).
1233 Six eaux-fortes pour illustrer « Andvolite », de Jacques Portail (éditions de « La Charmille », 24, rue Eugène-Millon, 15ᵉ).

FAVRE (Louis), né à Annemasse (H.-S.). — 13, rue St-Séverin, 5ᵉ.

1234 Nature morte, la table.
1235 Nature morte, la table.
1236 Nature morte, la table.

FEDER (Adolphe-Aïsik), né à Odessa (Russie). — Russe. — 18, rue du Moulin-de-Beurre, 14ᵉ.

1237 Peinture.

FÉDIT (Gaston), né à Bordeaux. — 5, rue Guénégaud, 6ᵉ.

1238 La Seine au pont Saint-Michel.
1239 Matin sur la Seine, Paris.
1240 Paysage dans la Creuse.

FEGDAL (Suzanne), née à Paris. — 14, avenue Victoria, 1ᵉʳ.

1241 Entrée du port des Sables-d'Olonne.
1242 Dans le port des Sables.
1243 Rue de la Pie aux Sables-d'Olonne.

FELLONNEAU (Pierre-Henri), né à Libourne (Gironde). — 97, avenue d'Orléans, 14e.

1244 Les moulins de Montrouge sous la neige (Paris).
1245 Coucher de soleil à Puynormand (Gironde).
1246 Matinée aux bords de l'Isle (Gironde).

FÉNARD (Gaston), né à Goupillières (Eure). — 3, rue Tarbé, 17e.

1247 L'Allier à Vichy.
1248 Bords de l'Allier à Vichy.
1249 Peupliers.

FÉRAT (Serge), né à Moscou. — Russe. — 67 bis, boul. St-Jacques, 14e

1250 Nature morte.
1251 Nature morte.
1252 Nature morte.

FERNAND-TROCHAIN (Jean), né à Rueil (S.-et-O.). — 4, rue Camille-Tahan, 18e.

1253 La Dent du Marais (Auvergne).
1254 Murols (Auvergne).
1255 Auvergne.

FERNEL (Fernand), né à Bruxelles. — Belge. — 20, avenue du chemin de fer, à Rueil (S.-et-O.). — *Voir à la Section Belge.*

1256 Marché aux cochons (Bretagne).
1257 Danseuse de corde (Bretagne).
1258 Bal de Mi-Carême.

FÉRON (Julien), né à St-Jean-du-Cardonnay. — Le Houlme (S.-Infre).

1259 Rue de l'Épicerie à Rouen.
1260 Paysage.
1261 Paysage.

FERRANDOUX (Paul), né à Blois. — 2, avenue de Grammont à Tours (Indre-et-Loire).

1262 Avril dans les Pyrénées.
1263 La maison rose.
1264 Le port de Belon.

FERRÉ (Maxime), né à Tours (I.-et-L.). — 44, rue Servan, 11e.

1265 Les cartes.

FIALIN (Georges), né à Moulins-s-Allier. — 15, r. de Maubeuge, ✠.

    1266 Bords de rivière.
    1267 Coin de forêt à Saint-Leu.
    1268 Ancien couvent au pays basque.

FIDRIT (Charles-André), né à Paris. — 1, rue Paul-Féval, 18°.

    1269 Intérieur.
    1270 Le turban blanc.
    1271 Fleurs.

FILASTRE-DUMONT (Gérard), né à Cussac-en-Médoc. — Cussac-en-Médoc (Gironde).

    1272 La terrasse fleurie.
    1273 Christ.
    1274 L'automne à Villenave-de-Rions.

FINNE (Henrik), né à Stavanger (Norvège). — Norvégien.

    1275 Nu.
    1276 Femme assise.
    1277 Petit port.

FISCHER (Ellen), née au Danemark. — Danoise. — 17, avenue du Docteur-Durand, à Arcueil (Seine).

    1278 Nature morte.

FLAUBERT (Louis), né à Paris. — 44, rue Daguerre, 14°.

    1279 Ondine (groupe plâtre).
    1280 Sourire (masque terre cuite, socle pierre).
    1281 Dans les branches (plaquette, terre cuite).

FLIGHT (Claude), né à Londres. — Anglais, 1, Hill Road, St John's Wood, Londres.

    1282 Les escarpolettes.

FLORENT (Adriant-Nicolas), né à Liocourt (Meurthe). — 90, rue du Commerce, 15°.

    1283 Baigneuse (nu).
    1284 Touraine (marine).
    1285 Photographe amateur (intérieur).

FLORIAN (Georges), né à Paris. — 81, boulevard St-Michel, 5°.

    1286 Effet de soir.
    1287 Théâtre de Taormine.
    1288 Marine.

FLOROT (Gustave), né à Paris. — 18, rue de Chabrol, 10e.

1289 Ariane, ma sœur.
1290 Jeux.

FLOURENS (Renée), née à Paris. — 47, rue de Passy, 16e.

1291 Auray (le tombeau).
1292 Auray (la rivière).
1293 Fruits.

FONTAINAS (Marguerite-D.), née à Bruxelles. — 21, av. Mozart, 16e.

1294 Nature morte (pastel).
1295 Nature morte (pastel).
***1296** Bas-Caumont (pastel) (appartient à Mlle A.-R. F.)

FONSECA (Solange de), née à Paris. — 53, rue Beaunier, 14e.

***1297** Portrait de Mlle F... (appartient à l'auteur).
***1298** Portrait de M. C... (appartient à M. Callendreau, éditeur).

FONTAINAS (Andrée), née à Paris. — 54, avenue de Saxe, 15e.

1299 Nu.
1300 Chanteuse.
1301 Nature morte.

FONTAINE (Gustave), né à Bruxelles. — Belge. — 143, rue De Want, Bruxelles; 2, Grande-Rue à Chaville (S.-et-O.). — *Voir à la Section Belge.*

1302 Sculpture.
1303 Sculpture.
1304 Sculpture.

FONTENEAU (Jean), né à Tours. — 1, rue Surcouf, 7e.

1305 Panorama de Crozant.
1306 Paysage.
1307 Nature morte.

FOREL (Eugène), né à Talence (Gironde). — 155, rue de l'Eglise-Saint-Seurin, à Bordeaux.

1308 Vieil arceau.
1309 Moulin de Bétous.
1310 Pont de Bordeaux.

FORESTIER (Etienne), né à Paris. — 22, rue Saint-Ferdinand, 17e.

1311 La parure d'or (bois sculpté directement).
1312 Portrait de Mlle S. G... (plâtre).
1313 Tête d'enfant, épreuve originale (plâtre).

FORNEROD (Rodolphe), né à Lausanne. — Suisse. — 40, avenue Junot, 18e.

1314 Peinture.
1315 Peinture.
1316 Peinture.

FOTINSKY (Serge), né à Odessa. — Russe. — 4, rue Huyghens, 14e.

1317 Tableau.
1318 Tableau.
1319 Tableau.

FOUCAULT (Georges), né à Montereau (S.-et-M.). — 22 bis, avenue Carnot, à Villeneuve-St-Georges (S.-et-O.).

1320 Nature morte (poires, pommes et zinnias).
1321 Nature morte (oranges et carafe).
1322 Nature morte (aubépine et laines).

FOUJITA (Tsugouharu), né à Tokio. — Japonais. — 5, rue Delambre, 14e.

1323 Nature morte.
1324 Femme assise.

FOULET (Louis), né à Montluçon (Allier). — 54, rue Lamartine, 9e.

1325 Peinture.
1326 Peinture.
1327 Peinture.

FOUQUET (Emile), né à Oran (Algérie). — 20, rue Durantin, 18e.

1328 Marins bretons.
1329 Plein air.
1330 Square.

FOY (André), né à Paris. — 63, boulevard Péreire, 17e.

1331 Entre gens du monde.
1332 Danseurs.
1333 Les jongleurs tristes.

FOY (Roger), né à Paris. — 71, avenue de Villiers, 17e.

1334 Une vitrine contenant :
1. La peur (sculpture bois).
2. La sorcière (sculpture bois).
3. Idiot (sculpture bois).
4. Le monstre (sculpture bois).
5. Bijoux : Bague ivoire et or.
6. Bague ivoire et or.
7. Pendants d'oreilles or.
8. Pendants d'oreilles or.
9. Pendants d'oreilles or.
10. Pendants d'oreilles or.
11. Pendants d'oreilles or.
12. Pendants d'oreilles or.
13. Breloques or.
14. Pommeau de canne ivoire sculpté.

FRACUEL (Emile), né à Paris. — 67, boulevard Beauséjour, 16e.

*1335 Souvenirs de voyages : Saint-Jean-de-Luz, Gemus-sur-Loire, Bagnolles-de-l'Orne, Annecy, Villers-sur-Mer (appartient à l'auteur).

FRAISSE (Mlle Suzanne), née à Paris. — 10, avenue de la Tourelle, à Saint-Mandé.

*1336 Portrait de Mlle Desdemona Mazza (appartient à l'auteur).
*1337 Grand'mère (appartient à l'auteur).
*1338 Andalouse (appartient à l'auteur).

FRANCISSE (Emile-Guy-Charles), né à Chapelle-lez-Herlaimont (Hainaut. — Belge. — 14, cité Falguière, 15e. — *Voir la Section Belge.*

1339 Assemblage : papiers peints édités, les biches.
1340 Dessin décoratif.
1341 Dessin décoratif.

FRANCK (Henri), né à Grenoble (Isère). — Chez M. François Flandrin, 38, rue Lépante à Nice (Alpes-Maritimes).

1342 Chasseresse.
1343 Au Col de Villefranche.
1344 Les chasseresses au sanglier.

FRANÇOIS (Georges), né à St-Gourgon (Loir-et-Cher). — 4, rue Aumont-Thiéville, 17e.

1345 Le port de la Meule.
1346 La rentrée au port.
1347 Port ensoleillé.

FRANTZ (Hippolyte), né à Paris. — 30, rue Monsieur-le-Prince, 6º.

1348 Vieux pont sur le Loing, à Grez.
1349 Chemin dans la falaise de Port-en-Bessin, au Bouffay (Calvados).
1350 La fontaine à Sainte-Honorine-des-Pertes (Calvados).

FRANCILLON (René), né à Lausanne. — Suisse. — 41, boulevard Saint-Jacques, 14º.

1351 Paysage.
1352 Peinture.
1353 Peinture.

FRÉMONT (Pierre), né à Paris. — 79, boulevard du Temple, 3º.

1354 Eau calme.
1355 Armoirie pour la pêche.
1356 La Frette.

FRICKER (Henri), né à Paris. — Villa Mon Désir, Les Baumettes, Nice.

1357 Le calvaire.
1358 Dans les ruines.
1359 Le matin à Saint-Martin-de-Fenestre.

FROMENT (Jeanne), née à Lagny (S.-et-M.). — 72, rue Rochechouart, 9º.

1360 Crépuscule (Autun).
1361 Effet de lune (Bretagne).
1362 Nature morte.

FUSS-AMORÉ (Elisabeth-Jeanne), née à Paris. — 6, rue de Chevreuse, 6º.

1363 Portrait de Mme Chériane.
1364 Nature morte.
1365 Nature morte.

GABRIEL-BELOT, né à Paris. — 46, rue Hippolyte-Maindron, 14º.

1366 Les bulles.
1367 Poissons et anémones.
1368 Fleurs et jeune chat.

GAILLARD (Paul-Benoit), né à Langres (Hte-Marne). — 7, rue Edouard-Jacques, 14º.

1369 Baigneuses.
1370 Paysage à Decize.
1371 Paysage.

GAILLARD (Emmanuel-Louis-Joseph), né à Equeurdreville (Manche).
— 92, rue de Vaugirard, 6°.

1372 Paysage décoratif.
1373 Peinture.
1374 Peinture.

MARCEL-GAILLARD, né à Abbeville (Somme). — 139, boulevard
Saint-Michel, 5°.

1375 Composition.
1376 Paysage d'Etampes.

GAILLIARD (Jean-Jacques), né à Bruxelles. — Belge. — 41, rue
Royale à Bruxelles. — *Voir la Section belge.*

1377 Le jardin malade.
1378 Le poète Maurice Mæterlinck.

GALANIS (Démétrius), né à Athènes. — 12, rue Cortot, 18°.

1379 Portrait.
1380 Nature morte.

GALEANI (Jean), né à Montpellier (Hérault). — 74, rue de Tu-
renne, 3°.

1381 Les Héros de la Mer Noire.
1382 L'habitation ouvrière et paysanne.

GALLIBERT (Geneviève), née à Paris. — 31, rue de l'Arrivée, à
Enghien (S.-et-O.).

1383 Paris (aquarelle).
1384 Paris (aquarelle).
1385 Nature morte (aquarelle).

GALLIEN (Antoine-Pierre), né à Grenoble (Isère). — 8, rue
Lebouis, 14°.

1387 Le Zodiaque.
1388 Portrait de l'auteur (sculpto-peinture).
1389   (sculpture).

GALLOY (Emile), né à Ligny-en-Barrois (Meuse). — 73, boulevard
Magenta, 10°.

1390 L'église Saint-Laurent à Paris.
1391 La route d'Orléans, au matin.
1392 La vallée de Condat-en-Féniers (Auvergne).

GANUCHAUD (Paul), né à Paris. — 14, rue François-Guibert, 15e.

   ***1393** Etude pour le chemin de la Croix (étain) (appartient à M. D...

GARBAN (Pierre-André), né à St-Amand Mont Rond (Cher). — 59, avenue de Saxe, 15e.

   1394 Sur le seuil.
   1395 Novembre.
   1396 Le ruisseau dans la vallée.

GARDELLE (Charlotte), née à Galatz (Roumanie). — Française. — 29, boulevard des Batignolles, 8e.

   1397 L'idole.
   ***1398** Portrait (étude).
   1399 Après-midi.

GARETS (Odette des), née à Paris. — 72, rue N.-D.-des-Champs, 6e.

   1400 Peinture.
   1401 Peinture.
   1402 Peinture.

GARIALO (Daniel), né à Paris. — 1, rue Eugène-Labiche, 16e.

   1403 Paysage.
   1404 Tête de femme.
   1405 Homme assis.

GARNOT-SAINTE-GARE (André), né à Paris. — 23, boulevard Gouvion-Saint-Cyr, 17e.

   1406 Versailles.
   1407 Etude.
   1408 Paysage.

GARRET (Mlle Anne-Henriette-Edith), née à Vesoul (Hte-Saône). — 47, rue des Tournelles, 3e.

   1409 Paysage (village).
   1410 Paysage.
   1411 Fleurs.

GASPARD-MAILLOL, né à Barcelone. — Français. — 39, rue de Tascher, Le Mans.

   1412 Décoration.
   1413 La Charente à Angoulême.
   ***1414** Portrait de Mme G. M...

GAUDEAUX (Léon), né à Blamont (Meurthe-et-Moselle). — 45, rue Vandamme, 14e.

1415 Bord de canal.
1416 Bord de canal.
1417 Portrait de P. Kropotkine.

GAULET (Henry), né à Paris. — 84, Chaussée de l'Etang, à Saint-Mandé (Seine).

*__1418__ Portrait de M. L. H... (appartient à M. L. H...)
1419 La bouillie.
*__1420__ Portrait de M. J.L. P. (appartient à M. J.-L. P.)

GAUTHIER (Alfred), né à Buay-lès-Gy (Hte-Saône). — 32, boulevard de la Courtille, à Chartres (Eure-et-Loir).

1421 Cathédrale de Chartres (la chapelle de la Vierge du Pilier).
1422 Baie des Trépassés et pointe du Raz.
1423 Port d'Audierne, le matin.

GAVET (Gaston-Auguste), né à Laperrière (Côte-d'Or). — 100, rue du Théâtre, 15e.

1424 Hyères, la vieille ville.
1425 Hyères, la rue du Four-Cauvin.
1426 Epinal, l'étang de Chanteraine.

GEISSBUHLER (Arnold), né à Delémont (Suisse). — Suisse. — 14, rue de la Grande-Chaumière, 6e.

*__1427__ Buste de M. W...
1428 Buste de M. V... (bronze).
1429 Statuette (bronze).

GELINET (Marcel), né à Marseille. — 83, rue de Courcelles, 17e.

1430 Portrait de M. G...
1431 Les quais l'hiver.
1432 Roses.

GEN (Sébastien-Paul-René), né à Laxou (M.-et-M.). — 94, boulevard de Port-Royal, 5e.

*__1433__ Etude figure (appartient à l'auteur).
1434 Image décorative pour chambre d'enfant (pastel).
1435 Image pour chambre d'enfant.

GENESTIE (Gratien), né à Paris. — 120, rue La Fontaine, 16e.

1436 Femme nue.
1437 Etude dos.
*__1438__ Portrait de Mme X... (appartient à l'auteur).

GENIN (Emile-Amédée), né à Paris. — 15, rue Dulong, 17°.
  1438 *bis* Les bords de la Marne à Trilport.

GENNARO (Gaétan de), né à Naples. — Italien. — 18, avenue Rachel, 18°.
  ***1439** Portrait du chirurgien-professeur Grégoire.
  1440 Portrait de M. G. de G...
  1441 Femme martiniquaise.

GENTA (Hyacinthe), né à Turin (Italie). — Italien. — Rue Etienne-Marey (Artistic-Villa), 20°.
  ***1442** Portrait (appartient à l'auteur).
  1443 Dans le jardin.
  1444 L'apothéose de la couleur.

GENTIL (Alphonse), né à Metz. — 60, boulevard de Clichy, 18°.
  ***1445** Portrait (appartient à l'auteur).
  1446 Peinture décorative à la colle, art français-japonais, XVIII° siècle.
  1447 Idem (patinée).

GENTILS (Edouard), né à Dax (Landes). — 21, boul. Lannes, 16°.
  1448 Académie (étude).
  1449 Sylva.
  1450 Portrait (étude).

GEORGE (Joseph-Auguste), né à Baccarat (M.-et-M.). — 3, rue Brodelet, à Gagny (S.-et-O.).
  1451 La Roche percée (étude).
  1452 Effet de neige dans les Vosges.
  1453 Pivoines (étude).

GÉRARD (Pierre), né à Bohain. — 19, quai St-Michel, 5°.
  1454 Dormeuse.
  1455 Pot d'étain.
  1456 Portrait jeune fille.

GÉRAUD (Marguerite), née à Saint-Brieuc (Côtes-du-Nord). — 57, boulevard Beauséjour, 16°.
  1457 Pavots et cuivre.
  1458 Giroflées.
  1459 Sous bois de Quereuilh.

GERHARDT (Louis-Charles-Victor), né à Saumur (M.-et-L.). —
36, rue de l'Arcade, 8e.

1460 Deux vieilles.
1461 A Brignac (Corrèze).

GERIN (Renée), née à Paris. — 5, place Wagram, 17e.

1462 Voutenay-sur-Cure, le village.
1463 Voutenay, la grande route.
*1464 Voutenay, fin de septembre (appart. à l'auteur).

GERNEZ (Paul-Elie), né à Valenciennes. — Le Châlet, à Honfleur
(Calvados).

1465 Nature morte.
1466 Nu.
1467 Nature morte.

GHOBERT (Jules), né à Weris. — Belge. — 15-17, rue des Trévires, à Bruxelles. — *Voir à la Section Belge.*

1468 Femme au jardin.
1469 La route.
1470 Parc.

GHY-LEMM, né à Fontenay-le-Château. — 85, rue La Fontaine, 16e.

1471 Nus.
1472 Portrait.
1473 Paysage.

GHYS (Magdeleine-Gabrielle), née à Paris. — 79, r. des Martyrs, 18e.

1474 Portrait de M. Vieuille.
1475 Nature morte.

GIBSON (Mlle Bessie), née à Queensland (Australie). — Ecossaise. —
8 bis, rue Campagne-Première, 14e.

1476 Notre-Dame, vue de la Seine.
1477 Nature morte.
1478 Le Panthéon.

GILARDONI (Joseph). — 17, avenue Emile-Deschanel, 7e.

1479 Scène de campagne.
1480 Etude de nu.
1481 Portrait.

GILDAS (Mme G.), née à Marseille. — 7 bis, rue Lalo, 16e.

1482 Paysage.
1483 Paysage.
1484 Paysage.

GILLES (Mlle Yvonne), née à Paris. — 4 bis, Grande-Rue, à Boulogne-sur-Seine.

*****1485** Portrait d'Henri Gil-Marchex (appart. à l'auteur)
*****1486** Portrait d'Antonin Artaud (appart. à l'auteur).
*****1487** Portrait de l'artiste (appartient à l'auteur).

GILOT (Charles), né à Paris. — 5, avenue Baudoin, à Asnières (Seine)

1488 Une matinée à Saint-James.
1489 La route du Mont Saint-Michel (Saint-James).
1490 Tête d'esclave (étude).

GIMEL (Georges), né à Domène. — 3, rue de l'Odéon, 6e.

1491 Eve (sculpture ciment).
1492 Tête montagnard (bois sculpté).
1493 Tête d'enfant (bois sculpté).

GIMMI (W.). — Suisse. — 41, quai d'Anjou, 6e.

1494 Nu.
1495 Composition.

GIORDANO DI PALMA (Léon-Jean), né à Marseille. — 28, faubourg Saint-Honoré, 8e.

1496 Rue de la Loge à Marseille (aquarelle).
1497 Miroir des oiseaux à Martigues (aquarelle).
1498 Place aux Huiles à Marseille (aquarelle).

GIR (Charles), né à Tours. — 17, rue La Rochefoucauld, 9e.

1499 Danseuse de music hall.
1500 La vigne, bas-relief (marbre).

GIRAN-MAX (Léon), né à Paris. — 6, rue Coustou, 18e.

1501 L'acteur Dorival.
1502 Nue.
1503 Paysage.

GIRARD (Pierre), né à Dijon. — 2, rue Antoine-Dubois, 6e.

1504 Parc de Saint-Cloud (automne).
1505 Matinée au Pont-Marié.

GIRONDE (Gabriel de), né à Rodez (Aveyron). — 46, rue de Tolbiac, 13e.

1506 Lever de lune.
1507 Bords de la Dordogne.
1508 Bords de la Dordogne.

GIVRY (Jean-Raphaël de), né à Paris. — 180, quai d'Auteuil, 16e.

1509 Le favori.
1510 Grand Prix 1921, l'arrivée.
1511 L'obstacle.

GLASSER (Louis-Eugène), né à Belfort. — 37, bd. Henri-IV, 4e.

1512 Paysage.
1513 Paysage.
1514 Paysage.

GOERG (Edouard), né à Sydney. — Français. — 31, rue La Fontaine, 16e.

1515 Le cortège (composition).
1516 Nu (composition).
1517 Angélique (composition).

GOERG (Louis), né à Genève. — Suisse. — 36, av. de Châtillon, 14e.

1518 Mlle X...

GOICHOT (Mme Louise), née à Paris. — 30, rue Caulaincourt, 18e.

1519 Coquelicots.
1520 Géraniums.
1521 Allée de jardin.

GOLDNER (Edouard), né à Paris. — 7, rue Cardinet, 17e.

1522 Paysage.
1523 Paysage (bateaux).
1524 Paysage (meule).

GONDOUIN (Emamnuel), né à Versailles. — 51, rue de Passy, 16e.

1525 Jeune femme assise.

GONTCHAROYA (Nathalie), née à Moscou. — Russe. — 43, rue de Seine, 6e.

1528 Nu.
1529 Dessin.
1530 Dessin.

GOODSIR (Agnes, Noyes), née en Australie. — Anglaise. — 18, rue de l'Odéon, 6°.

1531 La lettre.
1532 Louise.
1533 Etude.

GOOSSENS (Marcel), né à Liége. — Belge. — 2, sur le Mont, à Tilff (Belgique). — *Voir la Section Belge.*

1534 Paysage.
1535 Marine.
1536 La route.

GORDON (Marie-Cora-J.), née en Angleterre. — Anglaise. — 5, rue de Bagneux, 6°.

1537 Murcie (Espagne).
1538 Paysage espagnol.
1539 Paysage espagnol.

GORDON (Jan), né en Angleterre. — Anglais. — 5, r. de Bagneux, 6°.

1540 Jaleo Flamenco.
1541 Paysage espagnol.
1542 Mangeurs de pastèque.

GOSSELIN (Mlle Marie-Josèphe), née à Châtillon-Colligny (Loiret). — 88, rue du Cherche-Midi, 6°.

1543 Bassin du Commerce, au Havre.
1544 Les transatlantiques, au Havre.
1545 Bassin Belleau, au Havre.

GOTKOVSKI (Jacques), né à Odessa. — Russie. — 35, rue Boissy-d'Anglas, 8°.

1546 Nature morte (pommes).
*** 1547** La petite fille à l'escalier (appartient à M. R. B.)

GOUEY (Mlle Henriette), née à Paris. — 20, avenue de la Reine, à Boulogne-sur-Seine.

1548 Roses.
1549 Prunes, violettes.
1550 Bégonias.

GOUNAROPOULOS (Georges), né à Athènes (Grèce). — Grec. — 31 *bis*, rue Campagne-Première, 14°.

1551 La maternité.
1552 La fontaine du village.
1553 Portrait.

GOURION-BOUIS (Charles-Amédée), né à Marseille. — 21, rue
Marbeau, 16e.

    1554 Canal Sebenico.
    1555 Canal Sebenico.
    1556 Agay.

GOURSAT (Victor), né à Périgueux (Dordogne). — 6, rue Geoffroy-
Marie, 9e.

    1557 L'ennui.
    1558 Portrait du substitut Mornet.
    1559 Portrait de Mme Berthe Cerny, de la Comédie
        française.

GOUSSET (Joseph-Marie-Désiré), né à Vannes (Morbihan). — 92,
rue de Vaugirard, 6e.

    1560 Nature morte.
    1561 Paysage (fusain).
    1562 Paysage (fusain).

GOZARE (Léon), né à Vilna. — Français. — 20, rue de la Gaité, 14e.

    1563 La halte.
    1564 Carrière abandonnée.

GRAEF (Yvonne), née à Montreuil-sous-Bois (Seine). — 86, boulevard Diderot, 12e.

    1565 Paysage, environs de Pierrefitte-Nestalas.
    1566 Nature morte.
    1567 Notre-Dame de Paris.

GRAINE (René), né à Rouen. — 33, rue de la Sablière, 14e.

bis {
    1567 a Buste (portrait).
    1567 b Buste (étude).
    1567 c Statuette (bois).
}

GRANCHET (André), né à Mende. — 38, rue Ramey, 18e.

    ***1568** Portrait (appartient à l'auteur).
    1569 Paysage à Outarville (Loiret).
    1570 Paysage aux Buttes-Chaumont.

GRANGER-DONILO (Geneviève), née à Tulle. — 22, rue Denfert-
Rochereau, 5e.

    1571 Bacchante (sculpture).
    ***1572** Portrait de Mme Marie Laparcerie.
    1573 Le plus chéri...

GRANOVSKY (Sam), né en Russie. — Russe. — 28, r. Cambronne, 15e.

> **1574** Fuyards du massacre.
> **1575** Tête de M. G... (plâtre).
> **1576** Tête d'Indian (plâtre).

GRANVAL (Charles), né à Rouen. — A la Comédie-Française, 1er.

> **1577** Berthe Bovy dans *Poil de Carotte*.
> ***1578** L'acteur Dorival.

GRANZOW (Vladislav), né à Varsovie. — Polonais. — 7, boulevard Lannes, 16e.

> **1579** Clairière.
> **1580** Portrait.
> **1581** Rivage.

GRASSET (Albert), né à Rambouillet. — 17, rue Desfossez, à Saint-Cloud (S.-et-O.).

> **1582** La maison du sauvage (été).
> **1583** La cabane du bûcheron (été).
> **1584** La ferme de Guéville (printemps).

GRASSIN (Alexandre), né à Courcival (Sarthe). — 18, rue des Loges, à Montmorency (S.-et-O.).

> **1585** Vue des Monts d'Auvergne.
> **1586** Route des Fades (Auvergne).
> **1587** Nature morte.

GRÉGOIRE (Jeanne-Aline-Maria), née à Vincennes. — 18, rue de la Fraternité, Arnouville-les-Gonesse (S.-et-O.).

> **1588** De la falaise : Brignogan (Finistère).
> **1589** Bords de la Laïta : Le Pouldu (Finistère).
> **1590** La petite Suisse : Le Pouldu (Finistère).

GRÉGOIRE (Mme Marthe-Henriette), née à Paris. — 18, rue de Médéah, 14e.

> **1591** Lys du Japon.
> **1592** Roses au tapis bleu.
> **1593** Anémones.

GRELAT (René), né à Saint-Jean-d'Angély. — 35, rue Boulard, 14e.

> **1594** Environs de Soissons.
> **1595** Bords d'étang.
> **1596** Thésée.

GRENIER (Albert), né à Neuilly-sur-Seine. — Montaigu, Villiers-sur-Morin (S.-et-M.).

    *1597 Au jardin (appartient à l'auteur).
    *1598 Labour de printemps (appartient à l'auteur).
    *1599 Les citrouilles (appartient à l'auteur).

GREUILLET (Mme Marie), née à Paris. — 47, rue Blomet, 15e.

    1600 Chrysanthèmes et coquillages.
    1601 Roses d'Inde et coquillages.
    1602 Etude de coquillages (rochers).

GRIBOUVAL (Auguste-Jean), né à Liége (Belgique). — Français. — 19, rue de Valois, 1er

    1603 Le soir dans la vallée.
    1604 Un pont sur l'Yerre.
    1605 Les peupliers.

GRIERSON (Mlle Margaret), née en Angleterre. — St-John's Halt, Highbury, London N. 5.

    1606 Les pins (Surrey).
    1607 Paysage (Surrey).
    1608 Rochers (Cornwall).

GROGNET (Amédée), né à Woincourt (Somme). — 18, rue Ernest-Cresson, 14e.

    1609 La rivière (effet de nuit).
    1610 Nuit d'hiver.
    1611 Nuit d'été.

GROMAIRE (Marcel), né à Noyelles-sur-Sambre (Nord). — 5, cité Cardinal-Lemoine, 5e.

    1612 Le vieux marchand d'estampes.
    1613 Peinture.

GRUNEWALD (Isaac), né à Stockholm. — Suédois. — 86, rue Notre-Dame-des-Champs, 6e.

    *1614 Portrait de l'actrice suédoise Mlle Naima Wifs-trand.
    1615 Fleurs (composition).
    1616 Aquarelle.

GRUNHOFF (Hélène), née à Moscou. — Russe. — 59, avenue de Saxe, 7e.

    1617 Sculpture.
    *1618 Portrait du poète V. Parnak (bas-relief), appartient à M. V. Parnak.
    1619 Portrait du poète S. Charchoune.

GSELL (Albert), né à Paris. — 6, rue des Mortes-Fontaines, à Chaville (S.-et-O.).

    *1620 Histoire d'Orphée (appartient à l'auteur).
    *1621 Histoire d'Orphée (appartient à l'auteur).
    *1622 Histoire d'Orphée (appartient à l'auteur).

GUELDRY (Charles-Albert), né à Amiens (Somme). — 10, rue François-Guibert, 15e.

    1623 Sur les bords de la Seine.
    *1624 Portrait de M. G... (appartient à M. G...)
    1625 Peupliers à contre jour.

GUÉNOT (Auguste), né à Toulouse. — 68, boul. Edgar-Quinet, 14e.

    1626 Bacchus (statuette bois), sapin du Congo.
    1627 Marie-Madeleine (buste bronze), Cire perdue.

GUÉNOT (Maurice), né à Paris. — 6, rue de l'Aude, 14e.

    1628 La joie rythmée.
    1629 La terre promise.

GUÉRIN (Charles), né à Sens (Yonne). — 1, rue Leclerc, 14e.

    1630 Buste de femme.
    1631 Dames au chien blanc.
    1632 L'Amour par terre.

GUÉRIN LE GUAY (André), né à Paris. — 29, rue Gabrielle, 18e.

    1633 Pêcheurs en rade de Villefranca.
    1634 Soleil couchant.
    1635 Effet du matin.

GUERRIER (Pierre), né à Clamecy. — 20, rue des Martyrs, 9e.

    1636 Étude de nu (femme assise).
    1637 Ponte san Michaele (Vicenza).
    1638 Vieilles maisons à Kreuznack.

GUIGNARD (Georges), né à Paris. — 2, rue Aumont-Thiéville, 17e.

    1638 bis Fleur-de-Péché (pastel).

GUILBERT (Maurice-Henry), né à Mons (Belgique). — Belge. — 258, rue Edith-Cavell, à Uccle (Belgique). — *Voir à la Section Belge*

    1639 Paysage.
    1640 Paysage.
    1641 Femme au chat.

GUILLAUME (Georges), né à Paris. — 37, boulevard de la Liberté. Le Perreux (Seine).

1642 Dans le port de Saint-Tropez.
1643 Marine (Concarneau).
1644 Echappée sur la mer à Saint-Tropez.

GUILLAUMET (Yvonne), née à Paris. — 47, rue de Passy, 16e.

1645 La Seine au Thuit (temps nuageux).
1646 Le Petit Andely.
1647 Vue sur la Seine et Château-Gaillard.

GUILLEMARD (Marcel), né à Paris. — « Atelier Primavera », 64, rue Caumartin, 9e.

1647 *bis* Salle à manger en bois peint (éditée par les Magasins du Printemps).

GUILLON (Paul), né à Paris. — 20, boul. de Port-Royal, 5e.

1648 Rue à Marseille.
1649 Rue à Hanoï.
1650 Tête.

GUILLOT (Henri), né à Elbeuf (S.-Inf.re). — 97, av. Félix-Faure, 15e.

1651 Portrait de Mlle B. O.
1652 Nature morte.
1653 Etude.

GUILLOUX (Charles), né à Paris. — 26, r. de la Cour-des-Noues, 20e.

1654 Crépuscule.
1655 Coucher de soleil.
1656 Lever de lune.

GUINDET (Albert), né à Saintes. — 23, rue de Vaugirard, 6e.

***1657** Nature morte (appartient à Mme Vildrac).
1658 Abricots en fleurs (Gafsa).
1659 Nature morte.

GUINNESS (Mary), née à Dublin. — Irlandaise. — Hôtel de la Haute-Loire, 203, boulevard Raspail, 14e.

1660 Panneau décoratif.
1661 Rhododendrons.
1662 Nature morte.

GUIRAUD (Madeleine), née à Paris. — 11, rue de l'Arc-de-Triomphe, 17e.

    1663 Nu (étude).
    1664 Nature morte.
    1665 Fleurs.

GUITO, né à Villers-sur-Mer (Calvados)). — 2, rue de Poissy, 5e.

    1666 La vierge noire.

GUYOT (Georges-Lucien), né à Paris. — 13, place Emile-Goudeau, 18e.

    1667 Chien et gibier.
    1668 Le Braco.
    1669 Nature morte (gibier).

GYANINY (Geo-Louis), né à Paris). — 19, rue d'Orsel, 18e.

    1670 Le moulin.
    1671 Ceaulmont.
    1672 La Creuse à Gargilesse.

HAAS (Mlle Lisette), née à Paris. — 12 bis, rue Pergolèse, 16e.

    1673 Maison au bord de l'eau (Provence).
    1674 L'abreuvoir (Provence).
    1675 Un canal (Provence).

HAGEDORN (Karl), né en Allemagne. — Anglais. — 2, Fairfield Street, Manchester (Angleterre).

    1676 Clapel Milton, Derbyshire (Angleterre), aquarelle.
    1677 Rainver, Derbyshire (Angleterre), aquarelle.
    1678 Spiersvfrit, Derbyshire (Angleterre), aquarelle.

HALLEZ (Paul-Antoine-Joseph), né à Lille (Nord). — 24, rue Duhem, à Lille.

    1679 Le Gave de Pau à Lourdes.
    1680 Bruyères en Corrèze.
    1681 Derniers rayons sur la chaumière.

HAMEAU (Léon), né à Loos (Nord). — 5, rue Monte-Christo, 20e.

    1682 Aux aguets.
    1683 Paysage : Egletons (Corrèze).
    1684 Chaumière du Chassang (Corrèze).

HANAU (Jean), né à Paris. — 10, rue Théry, 16e.

1685 Nature morte.
1686 Eglise de Pont-de-l'Arche.
1687 Intérieur d'église.

HANNAIS (André), né à Paris. — 237, rue Saint-Denis, 2e.

1688 Deux maisons à Butry.
***1689** Une pomme (appartient à l'auteur).

HANDFORTH (Thomas), né à Tacoma, Wash. — Américain. — 4, rue Herschel, 6e.

bis { **1689** a   Mme C...
1689 b   Fillette.
1689 c   Jeune fils.

HANRIOT (Eugène), né à Montreuil-sous-Bois. — 10, rue Saigne, à Montreuil-sous-Bois.

1690 Le bain de Rosette.
1691 Nymphe moderne.
1692 Fille d'Eve.

HANRIOT (Jules-Armand), né à Arpajon (S.-et-O.). — 16, rue Choron, 9e.

1693 Automne (forêt de Vincennes).
1694 Notre-Dame de Paris.
1695 L'adjudant Tixier dans sa chute d'avion de Bellegarde du Loiret.

HANRIOT (Yvonne), née à St-Mandé. — 19, rue St-Antoine, 4e.

1696 Portrait.
1697 Paysage.
1698 Route de la Garde.

HARANGER (Paul), né à Paris. — 94, rue St-Lazare, 9e.

1699 Pistoïa.
1700 Saint-Gervais.
1701 Chartres (aquarelle).

HARRISON (Mabel), née à Hagley (Angleterre). — Anglaise. — 49, boulevard Montparnasse, 6e.

1702 Etudes de chat.
1703 Etude.
1704 Etude.

HASSEL (H.-Clements), né à Northumberland. — Anglais. — 6, Warwick Crescent, London w. 2.

1705 Le petit pont.
1706 De mon balcon.
1707 Intérieur.

HAYDEN (Henri), né à Varsovie. — Polonais. — 205 *bis*, boulevard Raspail, 14°.

bis { **1707** *a* Nature morte.
{ **1707** *b* Nature morte.

HAYEM-AUSCHER (Simone-Lucie), née à Paris. — 5, rue Talleyrand, 7°.

1708 La bibliothèque.
1709 Les foins.
1710 Arbres (Midi).

HAYNON (Paul), né à Paris. — 7, rue des Dames, 17°.

1711 Le Sidobre : rivière de rochers (Tarn), paysage encre de Chine rehaussé de gouache.
1712 Les Bactières : Bannes (Marne), fusain.
1713 Les marais de Saint-Gond (Marne), paysage plume rehaussé d'aquarelle.

HÉBUTERNE (André), né à Meaux (S.-et-M.). — 8 bis, r. Amyot, 5°.

1714 Paysage de Touraine.
1715 Paysage basque.
1716 Vieille Basquaise.

HECKEL (Georgette-Michelle), née à Boulogne-sur-Seine. — 5, rue de Villejust, 16°.

1717 Cruche et pommes.
1718 Le vieux calvaire de Ploumanach.
1719 La lecture intéressante.

HECHT (Joseph), né à Lodz. — Polonais. — 14, cité Falguière, 15°.

1720 Composition.
1721 Paysage de midi.
1722 Paysage norvégien.

HÉLIS (Henri), né à Romorantin (Loir-et-Cher). — 30, r. Vernier, 17°.

1723 A Bagatelle.
1724 Guinguette à Saint-Cloud.
1725 Roseraie.

HELLESEN (Thorvald), né à Kristiania (Norvège). — Norvégien. —
8, impasse Ronsin, 15e.

1726 Peinture.
1727 Peinture.

HENG (Auguste), né à la Chaux-de-Fonds. — Suisse. — 14, avenue
du Maine, 15e.

1728 Le canapé (plâtre peint).
1729 Le verre (plâtre).
1730 Nu (plâtre).

HÉNON-RISCH (Léon), né à Paris. — 28, rue Montcalm, 18e.

1731 Vieilles maisons (Dieppe).
1732 Le chemin du Paлуs.
1733 Rue des Veulets (Dieppe).

HÉRITAGE (Violette-Maud), née à Bruxelles (Belgique). — Bri-
tannique. — 22, boulevard du Château, à Neuilly-s-Seine.

1734 Chichinette (aquarelle).
1735 Sidonie (aquarelle).
1736 Fragment de frise (chambre d'enfant), peinture.

HERLAUT (Ax), né à Paris. — 19, avenue St-Sylvestre, à Bois-
Colombes (Seine).

1737 Bretagne (marine).
***1738** Bretagne (appartient à M. J. Bernard).
***1739** Paris (appartient à Mme Darce).

HERNANDEZ (Mateo), né à Bejar (Espagne). — Espagnol. — 11,
rue Larrey, 5e.

***1740** Portrait de Mme de Lascano Tegui (en granit
rose, taille directe d'après nature).
***1741** Vautour (en granit de Suède, taille directe d'a-
près nature).
***1742** Bas-relief en pierre (groupe de lions), taille di-
recte d'après nature.

HERNANDEZ-GIRO (Juan-Emilio), né à Santiago de Cuba. —
Cubain. — 32, rue La Fontaine, 16e.

***1743** Portrait de M. Georges Grappe (aquarelle), ap-
partient à l'auteur.
***1744** Anicucha (aquarelle), appartient à l'auteur.
1745 Vue sur Le Château, île d'Oléron (aquarelle inal-
térable).

HÉROLD (Marguerite), née à Mauves-sur-Loire. — 48, r. Nicolo, 16e.

1746 Étude d'enfants.
1747 Portrait d'enfant.
1748 Portrait.

HEUDEBERT (Raymonde), née à Paris. — 40, rue Lauriston, 16e.

***1749** Portrait du peintre.
1750 Portrait.
1751 Nu.

HEURS (Jean d'), né à Bar-le-Duc. — 1, rue Royale, à Versailles.

***1752** Un buste (plâtre).

HEWITT (Helen), née en Angleterre. — Anglaise. — 52, boulevard Montparnasse, 15e.

1753 Nature morte.
1754 Nature morte.

HILLAIRET (Eugène-Anatole), né au Chay (Charente-Inférieure). — 23, rue Turgot, 9e.

1755 Paysage de Saujon (Charente-Inférieure).
1756 Nu.
1757 Meules de blé à Auvers-sur-Oise.

HIRT (Marthe), née à Liège (Belgique). — Suisse. — 83, boulevard du Montparnasse, 6e.

1758 Paysage.
1759 Paysage.
1760 Paysage.

HITT (Lucile), née à Augusta, Georgia (U. S. A.). — Américaine. — Chez M. Lucien Lefebvre-Foinet, 19, rue Vavin, 6e.

1761 Portrait.
1762 Liseuse.
1763 Paysage.

HJERTÉN (Sigrid), né à Sundsvall (Suède). — Suédois. — 86, rue N.-D.-des-Champs, 6e.

1764 Les religieuses.
1765 Paysage.
1766 Composition.

HOFER (André), né à Autun (S.-et-L.). — Suisse. — 12, cité Riverin, 10e.

1767 La nuit.
1768 Nu.
1769 Lithographie.

HOLMSTROM (Tora-Vega), né à Akarp. — Suédois. — 9, rue Campagne-Première, 14e.

***1770** Portrait (appartient à l'auteur).
***1771** Nature morte (appartient à l'auteur).
***1772** Etude (appartient à l'auteur).

HONNORÉ-ALATERRE (Mme Yamina), née à St-Jean-de-Braye (Loiret). — 9, rue Falguière, 15e.

***1773** Portrait du peintre L. A... (appartient à M. A...)
1774 Nature morte.
1775 Nature morte.

HOREL (Eugène-Albert), né à Aubevoye (Eure). — 58, rue du Montet, Nancy.

bis ***1775** a Intérieur de la Cathédrale de Metz (appartient à l'auteur).
1775 b Le pont Saint-Georges à Metz.
1775 c Le Petite France (Strasbourg).

HOUEL (Jean), né à Condé-sur-Noireau (Calvados). — 4, faubourg du Temple, 11e.

***1776** Nu (appartient à M. Robert Wilkin).
1777 Etude.
1778 Croquis.

HOUETTE (Louis-Paul), né à Melun (S.-et-M.). — 62, r. Truffaut, 17e.

***1779** Saint-Jean-du-Doigt : La plage (appartient à M. R...)
1780 Côte de Saint-Jean-du-Doigt.
1781 Notre-Dame de Paris.

HOUMANS (Henri-Joseph), né à Vitry-sur-Seine. — av. Bosquet, 7e.

1782 Sous les arcades, Najac (Aveyron).
1783 Eglise de Chaumont en Vexin.
1784 Les bruyères à Aubazine (Corrèze).

HOURTAL (Henri), né à Carcassonne. — 1, rue de Bourbon-le-Château, 6e.

1785 Jardin du Luxembourg.
1786 Paysage poitevin.
1787 Paysage poitevin.

HUGARD (Salvator), né à Paris. — 52, rue La Condamine, 17e.

    1788 Le goûter (Hollande).

HURARD (Joseph), né à Avignon. — 24, rue des Trois-Colombes, à Avignon (Vaucluse).

    1789 Barques sur l'étang (Martigues).
    1790 Route provençale.
    1791 Martigues.

HUTIN (Henri-Eugène), né à Paris. — 13, rue Ordener, 18e.

    1792 La Varrenne et Tertre Sainte-Anne, Domfront (Orne), appartient à Mme Sabatier.
    1793 Moulin Doyer, bords du Loing à Nemours (appartient à M. Cordier.)
    1794 Vieilles rues de Nemours (appartient à M. Cordier).

HUYOT (Albert-Etienne-Marie), né à Paris. — 31, rue Jeanne, 15e.

    1795 Soleil couchant.
    1796 Nature morte.
    1797 Etude.

IBELS (André), né à Paris. — Castel Plein-Air, à Villemomble (Seine).

    1798 Auvers-sur-Oise (objectif).
    1799 Auvers-sur-Oise (unique effet).
    1800 Auvers-sur-Oise (décoration tapisserie).

ICHANSON (Mlle Marie-Anne) née à Albi (Tarn). — 32, rue Schlumberger, à Colmar (Haut-Rhin).

    1801 Vieille porte à Cordes.
    1802 Etude.
    1803 Etude.

IGOUNET DE VILLERS (Charles-André), né à Paris. — 77, rue Dareau, 14e.

    1804 L'adieu aux « fortifs » (carton de tapisserie).
    1805 Sur les « fortifs », après la pluie (guinguette à la porte d'Arcueil).
    1806 Les rochers de Vazen (Belle-Isle).

ISAAC (Laure), née à Paris. — 20, avenue du Petit-Chambord, à Bourg-la-Reine.

    ***1807** Portrait (appartient à l'auteur).
    ***1808** Etude (dessin), appartient à Mme B...
    1809 Etude.

ISCENT (Ludovic d'), né à Paris. — 77 ,boulevard Berthier, 17ᵉ.

***1810** Les quatre chemins (Pyrénées), appartient à l'auteur.

1811 Lueur soufrée dans l'orage, 8 heures du soir. (Pyrénées).

***1812** Paysage (Sologne), appartient à M. M. T...).

ISER (Josif), né à Bucarest. — Roumain. — 8a, rue Charles-Lafitte, à Neuilly-sur-Seine.

1813 Intérieur

1814 Tartares.

1815 Nu.

ITSCHOC (Ivan), né à Stockholm. — Suédois. — 86, rue Notre-Dame-des-Champs, 6ᵉ.

1816 Nature morte.

1817 Fleurs.

1818 Paysage.

IVAD (Pierre), né à Saint-Nazaire. — 44, rue des Moines, 17ᵉ.

1819 Neige lorraine.

1820 La maison aux outils.

1821 Du côté où s'endort Toto (aquarelle).

JACOB-HIANS (Paul), né à Paris. — 117, bd. du Montparnasse, 6ᵉ.

1822 Vue d'un port de mer.

1823 Paysage.

1824 Peinture.

JACOBSEN (Georg), né à Copenhague. — Danois. — 3, sentier des Jardies, à Bellevue (S.-et-O.).

1825 Nature morte (coquillage).

1826 Portrait.

1827 Nature morte (panier).

JACQUEMOT (Charles), né à Tours. — 10, rue Seveste, 18ᵉ.

1828 La 450 HP (Allaugh).

1829 Le pont d'Entraygues.

1830 La petite chapelle.

JACQUET (Eugène), né à Chimay. — Belge. — 1, avenue de la République, 11ᵉ. — *Voir à la Section Belge.*

1831 L'Armistice (boulevard Saint-Denis).

1832 Epaves.

1833 Le père Charles (pont de Sully).

JANDRON (Françoise-Louise), née à Lyon. — 35, rue de Lorraine, Saint-Germain (S.-et-O.).

bis { **1833** *a* Paysage.
1833 *b* Paysage.
1833 *c* Portrait.

JANSSAUD (Mathurin), né à Manosque (Basses-Alpes). — 15, impasse du Mont-Tonnerre, 15e.

1834 Soleil couchant (Concarneau), pastel.
1835 L'avant-port (Concarneau), pastel.
1836 Baie de Concarneau (pastel).

JANUSZEWSKI (Jean-Janus), né à Kolbuszowa (Pologne). — Polonais. — 86, boulevard des Batignolles, 17e.

1837 Femme au collier.
1838 Portrait.

JACQUES, né à Vendôme (Loir-et-Cher). — 20, boulevard de Port-Royal, 5e.

***1839** Portrait (appartient à Mme B...)
1840 Jeune femme à la résille.
1841 Tête d'enfant (dessin).

JAUDIN (Henri), membre fondateur, né à Paris. — 35, rue des Arts, à Levallois-Perret.

1842 Vallée du Vénéon, près Bourg d'Arud (Isère).
1843 Vue prise du bois d'Amour à Douarnenez (Finistère).
1844 Uzerche (Corrèze).

JEANDENANS (Georges-Louis), né à Besançon. — 128, faubourg Saint-Martin, 10e.

1845 La mare (effet du matin).
1846 Les Eboulis (bords de l'Aube).
1847 Le Perreux, vu des coteaux de Bry.

JEANMOUGIN (Alfred-Pierre-Joseph), né à Lure (Haute-Saône). — 33, rue Ganneron, 18e.

1848 En pays de montagne.
1849 Environs de Besançon.
1850 Bords du Doubs.

JEANNERET (Ch.-Edouard), né à la Chaux-de-Fonds. — Suisse. — 20, rue Jacob, 6e.

1851 Nature morte.

JELSTRUP (Mme Emilie), né à Copenhague (Danemark). — Danoise. — 32, rue de la République, à Meudon (Seine-et-Oise).

1852 Coucher de soleil à Paramé (I.-et-V.).
1853 Calme plat à St-Gildas de Rhuys (Morbihan).
1854 Soldat indien.

JERMON (Maurice de), né à Paris. — 49, rue de Douai, 9e.

1855 Portrait du peintre G. Dollian (pierre, taille directe).
1856 Femme étendue près d'un bassin (pierre, taille directe).
1857 Nu (pierre, taille directe).

JESPERS (Floris), né à Borgerhout-lez-Anvers. — Belge. — 31, rue RobertMols, à Anvers. — (*Voir à la Section Belge.*)

1858 Paysage (forteresse).
1859 Automne.
1859 *bis* Paysage campinois.

JESPERS (Oscar-M.-J.), né à Borgerhout-les-Anvers. — Belge. — 25, rue Boisot, à Anvers. — (*Voir à la Section Belge.*)

1860 Statue de femme.
1861 Torse de femme.
1862 Tête de femme.

JOHANSEN (Otto), né à Holmestrand. — Norvégien. — 139, boulevard Saint-Michel, 5e.

1863 Grez-sur-Loing.
1864 Peinture.
1865 Peinture.

JOHNSON (Robert-Ward). — Né aux Etats-Unis. — Américain. — 194, avenue Michel-Bizot, 12e.

1866 Portrait.
1867 Nu.
1868 Etude.

JOLLY (André), né à Charleville (Ardennes). — 10, av. Rachel, 18e.

1869 La fenêtre ouverte (Hémérocalles).
1870 L'aveu (Poulguin).
1871 Marine (Rospico).

JONES (Ernest-Yarrow), né à Liverpool. — Gallois. — Black Gaoble North Road Hythe Kent (Angleterre).

1872 Le pêcher.
1873 Le petit pêcher.
1874 L'église de Cassis.

JONCHERY (Charles-Émile), né à Paris. — 3, villa Brune, 14e.

1875 Eternelle valse (groupe pierre, taille directe).
1876 La famille (série de portraits), groupe pierre, taille directe.
1877 Portrait de M. T... de Rome (plâtre patiné).

JONSSON (Erik), né à Malmoe (Suède). — Suédois. — 83, boulevard du Montparnasse, 6e.

1878 Vieille maison.
1879 L'église à Montigny.
1880 La route.

JONVAL (Fernand), né à Paris. — 12, rue Cortot, 18e.

1881 Effet de soleil (Montmartre).
1882 De ma fenêtre (Montmartre).
1883 Eventail.

JOUBERT (Henri-André), né à Paris. — 2 rue de la Seine, Ile Saint-Germain, à Issy-Les-Moulineaux. (Seine)

1884 Soleil d'été à Amblainvillers.
1885 Le fendeur de bois.
1886 Bièvres vu du bois de Verrières.

JOUBERT (André-Roger), né à Marans (Charente-Inférieure). — 41, rue Pétrograd, 8e.

1887 Côte sauvage (Ile de Ré), épaves.
1888 Un coin de l'arsenal de Rochefort-sur-Mer (Charente-Inférieure).

JOUBERT DE LA MOTTE (Pascal), né à Paris. — 104, boulevard de Clichy, 18e.

1889 Jeune mère.
1890 Vierge et enfant Jésus.
1891 Sérénité.

JOUBIN (Georges), né à Digny (Eure-et-Loir). — 22, rue Tourlaque, 18e.

1892 Portrait.
1893 Paysage.
1894 Paysage.

JOUCLARD (Mlle Adrienne), née à Onville (Meurthe-et-Moselle). — 2, rue Isidore-Soullié, à Versailles.

1895 Onville.
1896 Onville (M.-et-M.).
1897 Le clocher.

JOUSSET (Léon), né à Montereau (S.-et-M.). — 29, rue de l'Echiquier, 10e.

    1901 La vallée de l'Orvanne.
    1902 Voulx (S.-et-M.)
    1903 Les vannes.

JUILLERAT (Hélène), née à Moutiers. — 72, boulevard de Port-Royal, 5.

    *****1904** Portrait de M*lle* Romana, dans *Lakmé*.
    1905 L'avoine mûre.

JULIEN-LACROIX (Louis), né à Paris. — 117, rue Notre-Dame-des-Champs, 6e.

    1906 Le pelote basque.
    1907 Moret-sur-Loing.

JULLIOTT (Mme Made), née à Thomery (S.-et-M.). — 133, rue Lamarck, 18e.

    1908 Les bords de l'eau, le soir.
    1909 Marine.
    1910 Le chemin de halage.

KAKABADZE (David), né à Tiflis (Géorgie). — Géorgien. — 22, rue Delambre, 14e.

    1911 Tableau.
    1912 Tableau.
    1913 Tableau.

KALFAYAN (Zareh), né à Constantinople. — Arménien. — 4, rue de l'Abbé-de-l'Epée, 5e.

    1914 Le Pont Neuf.
    1915 Le Pont de Tolbiac.
    1916 Soir (le Pont Neuf).

KALLSTROM (Arvid), né à Oskarshamn. — Suède. — 86, rue Notre-Dame-des-Champs, 6e.

    1917 Monument d'aviateur (plâtre).
    1918 Mère et enfants (bois).
    1919 Sculpture peinte.

KAMMERER (Robert), né à Mulhouse, Haut-Rhin (Alsace). — Mollau, par Wesserling (Haut-Rhin).

    1920 Soir d'hiver sur les hauts sommets, Drumont (Alsace).
    *****1921** Journée de givre et de brume (Hautes-Vosges d'Alsace), appartient à M. René Lambert).
    1922 L'hiver dans les Hautes-Vosges d'Alsace.

KARPELÈS (Andrée), née à Paris. — 27, rue du Docteur-Blanche, 16°.

1923 Nu.
1924 Nature morte.
1925 Le miroir.

KARS (Georges), né à Prague. — Tchéco-Slovaque. — 89, rue Caulaincourt, 18°.

1926 Tableau.
1927 Tableau.
1928 Tableau.

KAWASHIMA (Rüchiro), né à Tochigi (Japon). — Japonais. — 6, rue de l'Ouest, 14°.

1929 La fête.
1930 L'été.
1931 L'automne.

KEILLER (Dolly), né à Londres. — Anglais. — 52, rue des Saints-Pères, 7°.

1932 Portrait de ma femme de ménage.
1933 Venise.
1934 Venise.

KEMP (Jeka), né à Glasgow (Ecosse). — Ecossais. — 49, boulevard du Montparnasse, 6°.

1935 Fileuse bédouine (Kairouan).
1936 Marché tunisien.
1937 Nature morte.

KERNEUR (Henri), né à Angers. — 3, boul. Richard-Lenoir, 11°.

1938 Au pied d'un chêne millénaire.
1939 Montchalnot (Morvan).
1940 Une ferme en Morvan.

KIKOÏNE (Michel), né en Russie. — Russe. — 2, pas. de Dantzig, 15°.

1941 Peinture.
1942 Peinture.
1943 Peinture.

KIRPITCHNIKOFF (Catherine), née à Moscou. — Russe. — 142, rue du Faubourg-Saint-Denis, 10°.

***1944** Vers l'infini (bas-relief bois), propriété de l'auteur).
1945 Tortures (bas-relief bois).
1946 « Quarante siècles ».

KISLING (Moïse), né à Cracovie. — Polonais. — 3, rue Joseph-Bara, 6ᵉ.

   *1947 Figure (appartient à M. B...)
   *1948 Nature morte (appartient à M. S...).

KISTER (Robert-Jean-Marie), né à Paris. — 42, avenue Junot, 18ᵉ.

   1949 Joyeuse partie.
   1950 Nu.
   1951 Premiers rêves.

KLEIN-OR. (Victor), né à Paris. — 6, rue Cernuschi, 17ᵉ.

   1952 Musique intérieure.
   1953 Sous l'ombrelle orange.
   1954 Etude pour musique intérieure.

KLINGSOR (Tristan). — 31, avenue du Parc-Montsouris, 14ᵉ.

   1955 Jeune femme écrivant.
   1956 La tasse de thé.
   1957 Italienne.

KOGEVINAS (Lycurgue), né à Corfou (Grèce). — Grec. — 19, rue d'Offémont, 17ᵉ.

bis {
   1957 a Constantinople.
   1957 b Venise.
   1957 c Santorin.
}

KOYANAGUI (Sei), né à Sapporo. — Japonais. — 35, r. Boulard, 14ᵉ.

   *1958 Portrait (appartient à M. K...)
   1959 Courtisane.
   1960 Nu.

KOZIEBRODZKI (Jacques), né à Lwow (Pologne). — Polonais. — 2, passage de Dantzig, 15ᵉ.

   1961 Tête d'homme (sculpture).
bis {
   1961 a Tête de femme (sculpture).
   1961 b Garçonnet aux fleurs.
}

KREMEGNE (Paul), né en Russie. — Russe. — 2, passage de Dantzig, 15ᵉ.

   *1962 Nature morte (appartient à Mᵐᵉ H. P...)
   *1963 Tête d'homme (appartient à M. Oʼ Conor.)
   *1964 Tête de femme (appartient à M. Oʼ Conor).

KREUGER (Sven), né à Kalmar (Suède). — Suédois. — 53, quai
Bourbon, 4e.

1965 La moissonneuse.
1966 Sur la terrasse.
1967 Alger.

KROHG (Per), né à Christiania. — Norvégien. — 3, rue Joseph-
Bara, 6e.

1968 Peinture.
1969 Peinture.

YVAPIL (Charles). — Belge. — 233, rue d'Alésia, 14e.

1970 Peinture.
1971 Peinture.

LABAT (Fernand), né à Beautiran. — 6, rue Asseline, 14e.

1972 Les modistes.
1973 Le thé.
1974 Paysage.

LABBE (Fernand), né à Valançay. — 29, rue Bénard, 14e.

1975 Chardons en graine, environs de Clermont-Ferrand (Auvergne).
1976 Genêts en fleur, chemin de Charade (P.-de-D.).
1977 Champignons dans la montagne (panneau décoratif).

LABOUREUR (J.-E.), né à Nantes (Loire-Inférieure). — 24, rue
Denfert-Rochereau, 5e.

1978 L'arbre.
1979 Les marins.

LACHAUX (Georges-Marius), né à Paris. — 8, rue Vasco-de-
Gama, 15e.

1980 Chrysanthèmes.
1981 Château de Chenonceaux.
1982 Saint-Florent.

LA CLAU (Armando), né à Toulouse. — 6, rue Gambetta, à Ville-
franche-sur-Mer (Alpes-Maritimes).

1983 Paysage près de Beaulieu.
1984 Repos du modèle.
1985 De ma fenêtre à Villefranche.

LACOSTE (Louis), né à Reims. — 10, rue Ed.-Mortier, à Neuilly-sur-Seine.

1986 La Seine : Bougival.
1987 La Grenouillère : Bougival.
1988 Dessins.

LACROIX (Pauline), née à Suresnes (Seine). — 8, rue Raffet, 16e.

*1989 Portrait de M. R... (propriété de l'auteur).
1990 Forêt de Fontainebleau, Bouquet de Marie-Antoinette.
1991 Paris : bords de la Seine.

LACROIX (Pierre-Gabriel-Bravard), né à Doyet (Allier). — 121, rue de Rome, 17e.

1992 Croquis de la foire (Monts du Forez), dessins rehaussés.
1993 Martins-pêcheurs (aquarelle).
1994 Butor stellaire (aquarelle).

LACOURT (Gaston de), né à Paris. — 130 *ter*, boul. de Clichy, 18e.

1995 Effet de lune.
*1996 Cannes, la nuit (appartient à M. Dandrieu de Daubine).
*1997 Masque spirite (appartient au « Lapin Agile »).

LADUREAU (Pierre), né à Dunkerque. — 12, rue de l'Armorique, 15e.

1998 Baie de Vouville (Manche).
1999 La Moisson, Plougasnou (Bretagne).
2000 La Hague (Manche).

LAFONT (Roger-Ambroise), né à Paris. — 26, rue Poissonnière, 2e.

2001 Etude de femme.
2002 Etude de femme.
2003 Paysage breton.

LAFORET (Tony), né à Florence. — Italien. — 114, rue de Vaugirard, 6e.

2004 Rochers de la Bocca (Cannes).
2005 Campagne romaine.
2006 Sur la plage au soleil (*Luminisme*, couleurs non mélangées).

LAFOURCADE (Léon), né à Biandos (Landes). — 78, rue Lafayette, 9e.

2007 Marseille (le vieux port).
2008 Le thé.
2009 La cigarette.

LAFUGIE (Mlle Léa), née à Paris. — 17, rue de Saint-Senoch, 17^e

    2010 Loulou.
    2011 Lily et sa poupée.
    2012 Au bord du Cher.

LAGAR (Celso), né à Ciudad Rodrigo. — Espagnol. — 7, rue Lakanal, à Montrouge (Seine).

    2013 Nu champêtre.
    2014 Figure.

LAGLENNE (Jean-Francis), né à Paris. — 134, av. de Villiers, 17^e

    2015 Espagnole.
    2016 Espagnole.

LAGUERRE (Bazile), né à Foix (Ariège). — 11, rue des Entrepreneurs, à St-Ouen (Seine).

    2017 La lyre brisée pour la mercante et les corbeaux (dessin rehaussé au pastel).
    2018 Léda chassant le satyre (pastel).

LAGUT (Irène), née à Paris. — 67 *bis*, boulevard St-Jacques, 14e.

    2019 Cirque.
    ***2020** Figures.
    2021 Paysage.

LAIGLE (Jean), né à St-Louis (Sénégal). — Français. — 13, rue de l'Arsenal, 4e.

    2022 Le village (aquarelle).
    2023 L'étang (aquarelle).
    2024 La route (aquarelle).

LALOUE (Robert), né à Paris. — 7, square Alboni, 16e.

    2025 Printemps.
    2026 Automne.
    2027 Ile d'Ouessant.

LAMBERT (Jean), né à Cracovie. — Polonais. — 12, rue du Moulin-de-Beurre, 14e.

    2028 Parade.
    2029 Figure.

LAMOUR (Charles). — 10, place Dancourt, 18^e

    2030 Rade de La Rochelle (temps calme).
    2031 La Rochelle (entrée du port).
    2032 La Rochelle (le port à marée basse).

LANDAIS (Henri), né à Tours (I.-et-L.). — 81, faub. St-Jacques, 14e.

2033 Le clocher de St-Julien-le-Pauvre.
2034 Fleurs.
2035 Le jardin du Luxembourg.

LANDRE (Mlle Louise-Amélie), née à Paris. — 233, faub. Saint-Honoré, 8e.

2036 Danseuse cousant.
2037 Danseuse.
2038 Triste nouvelle.

LANE (Camille), née à Brixton. — Américaine. — 23, quai Voltaire, 7e.

2039 Nature morte.
2040 Jardin.
2041 Intérieur d'atelier.

LANEYRIE (Gabriel), né à Montluel (Ain). — 1, rue de la Tête-d'Or, à Lyon.

2042 A la pointe du Raz.
2043 Vers l'Odet.
2044 A la baie des Trépassés.

LANG (Léon-Michel), né à Paris. — 40, av. du Président-Wilson, 16e.

2045 Ciboure (Basses-Pyrénées).
2046 Ciboure: La Croix blanche.
2047 Peupliers gris à Bordagain.

LANSEL (Mathilde), née à Pise. — Suisse. — 27, rue Delambre, 14e.

2048 Paris.
2049 La foire.
2050 Le déjeuner.

LANTOINE (Fernand), né à Maretz (Nord). — 61, avenue du Bel-Air, Uccle, Bruxelles.

2051 Intermède.
2052 Les chevaux de St-Marc.
2053 Aigues-Mortes.

LAPIERRE (Emile), né à Cette. — 31, rue des Fossés, Compiègne.

2054 Le mas.
2055 Sous bois (Provence).
2056 Le Coudon.

LAPREVOTTE (Paul-Henri), né à Sauville (Vosges). — 2 bis, rue Perrel, 14e.

2057 Sous bois.
2058 Etude.
2059 Paysage.

LARGEOT (Gabriel-Albert), né à Paris. — 24, rue Montant-au-Palais, à Joigny (Yonne).

2060 Nature morte (fruits).
2061 Nature morte (fruits).

LARIONOW (Michel), né à Moscou. — Russe. — 41, r. de Seine, 6e.

2063 Coiffeur.
2064 Dessin.
2065 Dessin.

LAROMES (Jeanne), née à Saint-Privat (Corrèze). — Turdes-Mo-nards (Corrèze).

bis {
*2065 a Petite table guéridon bois blanc.
*2065 b Coussin tussor.
*2065 c Banquette fantaisie cuir blanc.

LASSUDRIE (Bérengère), née à Sèvres (S.-et-O.). — 7, rue Le Regratier, 4e.

2066 Modèle tapis.
2067 Modèle tapisserie.
2068 Un panneau décoratif (fleurs).

LATAPIE (Louis-Robert-Arthur), né à Toulouse. — 65, boulevard Arago.

2069 Etude.
2070 Etude.
2071 Nus.

LAUFMAN (Sidney), né à Cleveland, Ohio (U. S. A.). — Américain. — 20, rue Durantin, 18e.

2072 Paysage.
2073 Paysage.
2074 Nature morte.

LAULAN (François), né à La Réunion (Lot-et-Garonne). — 4, rue Henri-Martin, à Agen (L.-et-G.).

2075 Printemps aux bords de la Garonne (paysage).
2076 Le jardin public d'Agen (paysage).

LAURENS (Marthe), née à Paris. — 4*bis*, impasse Girardon, 18°.

2077 Femmes.
2078 Nature morte.
2079 Paysage.

LAURENT-LESURQUES (André-René), né à Paris. — 30, rue Davy, 17°.

2080 Sous bois.
2081 Les coteaux.
2082 Sourire.

LAVAL (Fernand-Albert), né à Cognac. — 54, boul. de Clichy, 18°.

2083 Le métro, boulevard de la Chapelle.
2084 Montmartre (passage Cottin).
2085 Gargantua à Paris.

LAVERGNE (Alfred-Edgard), né à Nontron (Dordogne). — 40, rue Saint-Antoine, 4°.

2086 Salomé.
2087 La leçon de tricot.
***2088** 78 ans (appartient à l'auteur).

LAVIROTTE (Alexandre-Marie-Célestin), né à Lyon. — 21, rue Brunel, 17°.

2089 Paysage.
2090 Paysage.
2091 Paysage.

LEBASQUE (Hélène), née à Montévrain. — 15, av. Perrichont, 16°.

2092 Paysage.
2093 Nature morte.
2094 Nature morte.

LEBASQUE-REYMOND (Marthe), née à Paris. — 7, rue Daru, 8°.

2095 Nature morte à la cruche verte.
2096 Paysage.
2097 Le jardin.

LE BERGUIER (Mme Maria-Eugénie-Henri), née à Ypreville-Biville (Seine-Inf^re). — 7, r. Victor-Hugo, à Bolbec, arrt. du Havre.

2098 Tableau chat, portrait de mouton.
2099 Chats savants.
2100 Une mère de famille.

LEBLANC (Roger-Louis-Augustin), né à Bergues (Nord). — 82, rue Vergniaud, 13ᵉ.

2101 Canal de Furnes, à Dunkerque.
2102 Etude de chênes, à Thiviers (Dordogne).
2103 Un coin près de Notre-Dame, à Paris.

LECONTE (Mˡˡᵉ Yvonne), née à Versailles. — 9, rue Campagne-Première, 14ᵉ.

2104 Etude de femme.
2105 Le moulin de Chasseigne.
2106 Le Clain, à Poitiers.

LECOURT (Raymond-Louis), né au Havre. — Fontaine-la-Mallet, par Montivilliers (Seine-Inférieure).

2107 Jour de marché à Montivilliers (Seine-Inférieure)
2108 Labourage.
2109 Bœufs à l'herbage.

LEDEL (Dolf), né à Schaerbeck. — Belge. — 55, rue de la Brasserie, à Linkebeek (Brabant). — (Voir à la Section Belge).

2110 Pierre Broodcoorens (tête plâtre).
2111 George Eckhoud (tête plâtre).
2112 L'homme au masque (torse plâtre).

LE FEUVRE (Arsène), né à Sillé-le-Guillaume (Sarthe). — 117, rue N.-D.-des-Champs, 6ᵉ.

2113 La ronde (peinture sur toile Gobelins).
2114 Les roses d'or (peinture à base métallique sur toile Gobelins).
2115 Les rochers roses, île Bréhat.

LEFEBVRE (Maurice), né à Bruxelles. — Belge. — avenue des Sept-Bonniers, Uccle, Bruxelles.

2116 Repos.
2117 Eclaircie.
2118 Paysage.

LEFÈVRE (Luce), née à Montreuil. — rue Brohan, à Pierrefitte-sur-Seine (Seine).

2119 Portrait en gris.
2120 L'été dans un parc.
2121 L'automne dans un parc.

LEFORT (Jean-Louis), né à Bordeaux. — 21 *bis*, av. de la Motte-Picquet, 7°.

    2122 Molsheim (Basse-Alsace), le marché.
    2123 La fontaine de Kaysersberg.
    2124 Strasbourg : La rue du Château.

LE GALLAIS-NICOT (Jeanne-Marie), née à Langueux (Côtes-du-Nord). — 75, rue Croix-Nivert, 15°.

    2125 Etretat (falaises), la porte d'Aval (aquarelle).
    2126 Nature morte, panneau décoratif (aquarelle).
    2127 Hommage à la femme inconnue (aquarelle).

LEGER (Suzanne), née au Dorat (Hte-Vienne). — 23, rue Barbès, à Bellac (Hte-Vienne).

    2128 Collines de Saint-Germain-sur-Vienne, le soir.
    2129 Vue sur la Vienne en hiver.
    2130 Tours de Saint-Germain-sur-Vienne, brouillard.

LEGRAIN (Pierre), né à Levallois-Perret. — 9, r. du Val-de-Grâce, 5°.

    2131 Une vitrine reliures.

LEGRAND (Marcelle), née à Reims (Marne). — 47, rue du Montparnasse, 14°.

    2132 Portrait.
    2133 Paysage.
    2134 Paysage.

LEGROS (Pierre), né à Dinan. — 40, boul. Ornano, 18°.

    ***2135** Paysage de Bretagne (appartient à l'auteur).
    ***2136** Paysage de Bretagne (appartient à l'auteur).
    ***2137** Paysage de Bretagne (appartient à l'auteur).

LÉGUILLON (Paul), né à Paris. — 90, boulevard Péreire, 17°.

    2138 La barrière du verger (Douarnenez).
    2139 Chemin de lande (Douarnenez).
    2140 Le fond de la baie (Douarnenez).

LEINEKUGEL LE COCQ (Arthur-Henri), né à Cambrai (Nord). — Villa St-Luc, à Cambrai, et 29, boul. Van-Iseghem, à Ostende (Belgique).

    2141 Les trois bœufs (aquarelle).
    2142 Un marché en Bretagne, Pont-Aven (aquarelle).
    2143 Sarcleuses (aquarelle).

LEJARD (Georges), né à Magny-le-Désert (Orne). — 44, rue de Seine, à Alfortville (Seine).

    2144 Sérénité, panneau décoratif (maquette).

LEJEUNE (Henri-Pierre), né à Saint-Ouen (Seine). — 54, rue Lamartine, 9e.

    2145 S. Giuliano, Genova (Italie).
    2146 Nature morte.
    2147 Panneau décoratif.

LEJEUNE (Marcel), né à Paris. — 16, avenue Rachel, 18e.

    ***2148** Portrait de Mme G. V... (appartient à Mme V...).
    ***2149** Nature morte (appartient à M. V...).
    ***2150** Portrait de M. Anatole France (crayon) (appartient à l'auteur).

LEJEUNE (Emile), né à Genève. — Suisse. — 38, rue des Mathurins, 8e.

    2151 Nu (danseuse).
    2152 Chaise et guitare.
    2153 Le port de Cassis.

LE LOUP (Hervé), né à St-Firmin-des-Bois (Loiret). — 56, rue N.-D.-de-Lorette, 9e.

    2154 Lecture.
    2155 Couleurs.Accord.
    2156 Couleurs.

LE MAISTRE (Yvanna), née à Petrograd (Russie). — Russe. — 41, avenue de Saxe, 7e.

    2157 Le val de la Vierge.
    2158 Portrait de Mme G.-T. Franconi.
    2159 Cadre contenant des gravures sur bois.

LEMAITRE (André-Hubert), né à Paris. — 41, av. de Saxe, 7e.

    2160 La prière (peinture en cours d'exécution).
    2161 Les servantes de Dieu.
    2162 Paysage.

LEMARESQUIER (Jean), né à Cette (Hérault). — 8, rue Lenéveux, 14e.

    2163 Funérailles sous la neige.
    2164 Nature morte.
    2165 Au coin du feu (essai de nu).

LEMERCIER (Robert), né à Epernay. — 8, villa Michel-Ange, 16ᵉ.

2166 Baigneuse.

LEMMER (Stany), né à Levallois-Perret. — 86, r. Rochechouart, 9ᵉ.

2167 La Moselle (paysage).
2168 Montmartre (paysage).
2169 Portrait (étude).

LEMOIGNE (Mathilde), née à Paris. — 56, boul. Barbès, 18ᵉ.

2170 Fileuses arabes.
2171 Fleurs.
2172 Nature morte.

LEMOINE (André-Jules), né à Paris. — 3, rue Paul-Dubois, 3ᵉ.

bis { **2172** *a* Les trois peupliers.
2172 *b* Paravent japonais.

L'ENFANT (Marcel), né à Paris. — 102, av. du Général-Michel-Bizot, 12ᵉ.

2173 Camaret.
2174 Sortie des barques, Camaret.
2175 La pointe de Pen-Hir.

LENOIR (Robert-Maurice-Jehan), né à Paris. — 27, avenue Magne, Le Raincy (S.-et-O.).

2176 Tête de femme.
2177 Etude de nu.
***2178** Gravures sur bois (appartiennent à différents éditeurs).

LENOIR (Mathilde), née à Paris. — 12, rue d'Auteuil, 16ᵉ.

2179 Chapelle de la Joie, Penmarch.
2180 Printemps.
2181 Mont Valérien, fin d'hiver.

LÉO (Léopold), né à Fontenay-le-Comte. — 45, av. des Ternes, 17ᵉ.

***2182** La France est un pays chic (appartient à l'artiste).
2183 Les ondines.
2184 Un philosophe.

LÉON (Edouard-Henri), né à Paris. — 6, rue Vercingétorix, 14ᵉ.

2185 Le village de Puy-Ricard, près d'Aix-en-Provence
2186 Le cèdre à la Touloubre, Puy-Ricard
2187 Fleurs (aquarelle).

LÉON (Jean), né à Pau. — 12, rue de Bagneux, 6°.

2188 Nu couché.

LE PETIT (Maurice), né à Boulogne-s-Mer. — 161 *bis*, route de Versailles, à Billancourt.

2189 Une rue à Samer.
2190 Nature morte.
2191 Vieilles maisons de Samer.

LE PETIT (A.-M.), né à Fallencourt (Seine-Inf[re]). — 21, rue du Cardinal-Lemoine, et à La Frette (S.-et-O.).

2192 La tétée.
2193 Paysage.
2194 Nature morte.

LEPREUX (Albert). — 39, rue Lamarck, 18°.

2195 Bassin au Havre.
2196 Paysage marin.
2197 Marine.

LEPRIN (Marcel-François), né à Cannes (A.-M.). — 18, r. Véron, 18°.

2198 Toreros.
2199 Marchandes de quatre-saisons.
2200 Moulin de la Galette.

LERÉ (Léon), né à Paris. — 13, rue des Canus, Maisons-Laffitte.

***2201** La Seine à Maisons-Laffitte (appart. à l'auteur).
***2202** Ma cabane (appartient à l'auteur).
***2203** L'entrée du clos (appartient à l'auteur).

LEROLLE (Paul-Alexis-Victor), né à Paris. — 51, avenue Henri-Martin, 16°.

2204 Mère et son bébé.
2205 Jeune fille et fillette.
2206 Jeune fille en peignoir jaune.

LEROUILLÉ (Maurice-Ernest), né à Versailles. — 160, rue Ober-kampf, 11°.

2207 Art naturien: Recherche d'atmosphère.
2208 Art naturien: Recherche d'atmosphère.
2209 Art naturien: Recherche d'extrême subtilité d'at-mosphère.

LEROUX (Henri), né à Chatelet (Hainaut). — Belge. — 31, avenue d'Auverghem, Bruxelles. — (*Voir à la Section Belge*).

2210 Nature morte.
***2211** En famille.

LE ROUX (Henri), né à Paris. — 49, rue des Prairies, 20e.

bis
2211 *a* Figure (bronze).
2211 *b* Dessin.
2211 *c* Dessin.

LEROY (Maurice), né à Paris. — 5, rue des Beaux-Arts, 6e.

2212 Etude.

LESLIE (Betty), née à Paris. — Anglaise. — 34, Kingsnorth Gardens, Folkestone.

2213 Un jardin anglais.
2214 Cottage en Devonshire.

LE SCOUEZEC (Maurice), né au Mans (Sarthe). — 35, rue Delambre, 14e.

2215 Femme nue.
2216 Etude.
2217 Etude.

LE SON (Marcel), né à Paris. — 2, passage de Dantzig, 15e.

2218 Marchandes de légumes.
2219 Paysage au petit drapeau rouge.
2220 Nu.

LE SOURD (René-Marie-Firmin), né à Vals (Ardèche). — 31, avenue Rapp, 7e.

2221 Portrait de Mlle J...
2222 Portrait de M. A...
2223 Le lac d'Issarlès (Ardèche).

LESPAGNOL (Edmond), né à Paris. — 5, cité Sainte-Thérèse, 17e.

2224 Bonneuil-sur-Marne, effet du matin.
2225 Créteil, la rue du Buisson.
2226 Souvenir de Suresnes.

LESPAGNOL (Mlle Madeleine), née à Paris. — 33, rue Bayen, 17e.

2227 Roses au vase de cuivre.
2228 Roses, œillets et marguerites.
2229 Rochers de Vallières, environs de Royan.

LESPAGNOL (Mme Hélène), née à Saulieu (Côte-d'Or). — 33, rue Bayen, 17e.

2230 Italienné (pastel).
2231 Vieux savant (pastel).
2232 Le Thorion, à Bourganeuf (aquarelle).

LESPINASSE (Herbert), né à Stamford (Connecticut). — Américain. — 11 *bis*, rue Angélique-Vérien, à Neuilly-sur-Seine.

2233 Marine.
***2234** Marine (gravure) (appartient aux éditions des Muses françaises).

LETELLIER (Hector), né à Bruxelles. — Belge. — 5, rue Émile-Verhaeren, à Saint-Cloud. (*Voir à la Section belge*).

2236 Paysage.
2237 Paysage.
2238 Étude.

LE TENDRE (Auguste), né à Guingamp (Côtes-du-Nord). — 32, avenue de la Marne, à Lorient.

2239 Belle matinée d'été à Port-Kérel (Belle-Isle-en-Mer).
2240 Soleil levant sur le vieux Fougères.
2241 Un peintre dans les lis.

LETOURNEAU (Paul-Maurice), né à Mieuxcé (Orne). — 58, rue de la Procession, 15e.

***2242** Alençon, Notre-Dame, vue du Pont-neuf (appartient à M. Letourneau).
***2243** La becquée (appartient à M. Letourneau).
***2244** Coin de forêt (appartient à M. Letourneau). (Tableaux faits sur verre opalin avec des morceauj de timbres-poste de toutes provenances).

LÉVEILLÉ (André), né à Lille (Nord). — 18, boul. Magenta, 10e.

2245 La rue du village.
2246 La maison inhabitée.
2247 La moisson.

LÉVÊQUE (Maurice). — 55, rue des Abbesses.

2248 Paris (vue).
2249 Valbonne (rue).
2250 Paris (les quais).

SIMON-LEVY, né à Strasbourg. — 38 *bis*, rue Boulard, 14°.

2251 Portrait.
2252 Portrait.
2253 Peinture.

LEIV (Boris), né à Somvalki (Russie). — Russe. — 11, rue de Picardie, 3°.

2254 De la musique sans façons.
2255 Vue du Grand Trianon (Versailles).
2256 Etudes dessins (3 croquis dans le même cadre).

LE WINO (Walter), né à Londres. — Anglais. — 50, rue Vercingétorix, 14°.

2257 Peinture.
2258 Peinture.
2259 Peinture.

LEWITSKA (Sonia), née à Tchenstochowa (Pologne). — Polono-Ukrainienne. — 73, rue Caulaincourt, 18°.

2260 Les bonaventures de la veille de Saint-Jean (panneaux).
2261 Composition.
2262 Nature morte.

L'HOEST (Eugène), né à Paris. — 27, rue des Dames, 17°.

2263 Les Martigues, une église.
2264 Barques et maisons de pêcheurs, aux Martigues.
2265 Ile Sainte-Marguerite, près Cannes.

LHOTE (André), né à Bordeaux. — 38 *bis*, rue Boulard, 14°.

2266 Vacances.
2267 Sieste.
2268 Nu.

LIAUSU (Camille-Paul), né à Biarritz. — 93, r. de Vaugirard, 6°.

2269 Les jeunes filles au bord de l'eau.
2270 La liseuse.

LIE (Emil), né à Christiania. — Norvégien. — 4, rue du Texel, 14°.

2271 Femme à l'enfant (bronze).
2272 Buste de M. L...
2273 Buste de Mme S...

LIEBERT (Charles-Auguste), né à Paris. — 3, avenue Germaine, à Chelles (S.-et-M.).

2274 Jardin du Luxembourg (aquarelle).
2275 Jardin du Luxembourg (aquarelle).
2276 Fleurs et bibelots (aquarelle).

LIÉROW-FRANCILLON (Anny), née à Berne. — Suisse. — 41, boulevard Saint-Jacques, 14e.

2277 Port.
2278 Baigneuses, Léman.
2279 Port.

LIONI (Marcelle-Esther), née à Anvers. — Française. — 2, rue Michel-Ange, 16e.

2280 Etude de nu.
2281 Vieille femme.
2282 Nature morte.

LIPCHITZ (Jacques). — 54, rue du Montparnasse, 14e.

2283 Sculpture (pierre).
2284 Bas-relief (pierre polychromée).
2285 Bas-relief (pierre polychromée).

LISSIM (Simon), né à Kiew. — Polonais. — 7, r. Jean-Bologne, 16e.

2286 L'oiseau de feu (conte russe).
✱2287 Illustration pour une chanson populaire russe (appartient à Mme Yanova).
✱2288 Dessin ornemental (appartient à l'auteur).

LOISEAU (Paul), né à Paris. — 111, rue Oberkampf, 11e.

2289 Vieux buveur.
✱2290 La grand'mère (appartient à Mme Adrien).
2291 Vieux paysan (dessin).

LOOTROET (Edouard-Rémy), né à Villers-Bocage (Somme). — Belge. — 40, r. de la Tour-d'Auvergne, 9e. — (Voir la Section belge).

2292 Portrait de Mme X...
2293 Etude figure.
2294 Fruits.

LORENZI (Alberto-Fabio), né à Florence. — Italien. — 208, boul. Raspail, 14e.

2295 Une loge de figurantes.
2296 Sur la plage.
2297 Confidences.

LOTIRON (Robert), né à Paris. — 2, rue de Constantinople, 8°.

2298 Peinture.

LOUTCHANSKY (Jacques), né à Vinnitza (Russie). — Russe. — 4, rue du Texel, 14°.

2298 *bis* Musicien (sculpture sur bois).

LUBET (Jean-Paul-Louis), né à Bordeaux. — 11, impasse Ronsin, 15°.

2299 Paysage breton, environs de La Clarté, Perros-Guirec.
2300 Paris, démolition du pont de la Tournelle.
2301 Fleurs.

LUCE (Maximilien), né à Paris. — 102, rue Boileau, 16°.

***2302** Paysage : l'Eglise de Rolleboise (appartient à M. T...).
2303 Paysage.
2304 Débardeur s'époussetant.

LUCK (Albert), né à Epinay-sur-Seine. — 51, rue de Paris, à Méry-sur-Oise (S.-et-O.).

***2305** Retour de chasse (appartient à l'auteur).
***2306** Partie champêtre (appartient à l'auteur).
***2307** Paysage, bords de l'Oise à Auvers (appartient à l'auteur).

LUCUEIL, né à Paris. — 12, rue Charles-Chefson, à Bois-Colombes (Seine).

2308 Giroflées.
2309 Etude de roses.
2310 Bords de la Seine à Croissy.

LUDLOW (Mary-Sophia), née à Bristol (Angleterre). — Anglaise. — Monneville (Oise).

2311 Paysage, Cassis.
2312 Paysage, Monneville.
2313 Paysage.

LUDOVIC-RODO, né à Paris. — 14, rue Girardon, 18°.

2314 Femme cousant.
2315 Portrait.
2316 Nature morte.

LUND (Bjarne), né à Bodo. — Norvégien. — 11, cité Falguière. 15ᵉ.

2317 Crépuscule.
2318 Nature morte.
2319 Nature morte.

LUNDQVIST (John), né à Stockholm (Suède). — Suédois. — 12, 14, rue du Moulin-de-Beurre, 14ᵉ.

***2320** Portrait (sculpture plâtre) (appartient à M. l'artiste Liedbeck).
2321 Statuette (bronze).
2322 Eve (bois).

LUNDSTROM (Knut), né à Ostersund. — Suédois. — 54, rue Pierre-Charron, 8ᵉ.

2323 Village romain.
2324 Paysage, Côte d'Azur.
2325 Nature morte.

LURÇAT (Jean), né à Paris. — 4, rue du Ruisseau, 18ᵉ.

2326 Nature morte.
2327 Paysage.
2328 Peinture.

LUSTREMANT (Marie-Louise), née à Paris. — 8, rue Garancière, 6ᵉ.

2329 Les citrons.
2330 Cahors.
2331 Le pont de Cahors.

MAC-MULLAN (Mary-Shaw), née à Belfast (Irlande). — Irlandaise. — 25, rue Bréa, 6ᵉ.

2332 L'été.
2333 Sur la plage.
2334 Sur la plage.

MADRASSI (Lucien), né à Paris. — 49, boul. Montparnasse, 6ᵉ.

2335 Nu.

MAGNIER (Charles-Ernest), né à Paris. — 46, rue du Château-d'Eau, 10ᵉ.

2336 Ferme aux environs de Mende.
2337 Ferme aux environs de Mende (aquarelle).
2338 L'Ermitage à Mende (aquarelle).

MAGUET (Richard), né à Amiens. — 270, rue St-Honoré, 1er.

2339 Plein air.
2340 Arbre en fleurs.
2341 Verts.

MAHIEU (Mlle Simone), née à Amiens. — 270, rue St-Honoré, 10e.

2342 Une vitrine : Reliures pour le journal *Le Rire*
(appartient à M. H. B...).

MAILFAIRE (Louis), né à Paris. — 6, rue Pruvost, à Vanves.

2343 Le petit bras de la Seine et Notre-Dame, soleil
couchant.

MAILLARD (Louis-Horace-Raymond), né à Boynes (Loiret). — 1,
impasse du Tertre, 18e.

2344 Regrets.
2345 Les papillons.
2346 Automne.

MAILLAUD (Fernand), né à Mouhet (Indre). — 3, rue de l'Es-
trapade, 5e.

2347 Le labour.
2348 La foire en Berry.
2349 Paysage.

MAINSSIEUX (Jean-Charles-Lucien), né à Voiron. — 57, rue Caulaincourt, 18e.

2350 Bédouine porteuse d'eau.
2351 Palais de la Résidence à La Marsa (Tunisie).
2352 Jeune fille arabe.

MAKOWSKI (Joseph-Tadé), né à Oswiecim (Pologne). — Polonais.
— 3, rue Vercingétorix, 14e.

2353 Paysans.
2354 Couple auvergnat.

MALANÇON (Henri-Léonce), né à Paris. — 5, rue Pierre-Haret, 9e.

2355 Le port.
2356 La route.

MALBAUT (Ernest-Hector-Raymond), né à Campagne-lez-Hesdin. —
Campagne-lez-Hesdin (Pas-de-Calais).

2357 Sortie du Bois du Temple, environs de Campagne, au crépuscule (pastel).
2358 Un coin du Bois du Temple en novembre (pastel)
2359 Une vue des remparts de Montreuil-sur-Mer.

MALVANO (Ugo), né à Turin (Italie). — Italien. — 9, rue de la Grande-Chaumière, 6ᵉ.

2360 Nature morte.
2361 Nature morte.
2362 Sous bois.

MALVY (Emile), né à Paris. — 9, place d'Italie, 13ᵉ.

2363 Marine.
2364 Marine.
2365 Marine.

MAMBOUR (Auguste), né à Liège. — Belge. — 56, rue Edouard-Wacken, à Liège (Belgique). — (Voir à la Section Belge).

2366 Manger.
2367 Créer.
2368 Quatuor.

MAMNICKI (Georges-Joseph), né à Varsovie (Pologne). — Polonais. — 72, rue Vasco-de-Gama, 15ᵉ.

2369 Aire antique.
2370 Nature morte.
2371 La femme.

MANUSSET (Camille), né à Paris. — 31, rue Ernest-Renan, à Issy-les-Moulineaux (Seine).

2372 La peinture.
2373 Sommeil.
2374 Maternité (plein air).

MARAIS (Edouard-Georges), né à Paris. — rue de Balzac, à Franconville (S.-et-O.).

2375 Etude de fleurs.
*2376 Rieur (appartient à l'auteur).
2377 Bord de l'Oise, Eragny.

MARCA (René-Emmanuel), né à Paris. — 27, boul. Rochechouart, 9ᵉ.

2378 Ronde de femmes au bord de la mer.
2379 Maison ensoleillée, à Saint-Rémy.
2380 La mer au Trayas.

MARCEAU (Etienne), né à Noyen-sur-Seine (S.-et-M.). — 3, rue Vercingétorix, 14ᵉ.

2381 La péniche.
2382 La route.
2383 Paysage.

MARCEL-BÉRONNEAU (Pierre), né à Bordeaux. — 11, impasse Ronsin, 15°.

2384 Sirène et poète.
2385 Peinture.
2386 Peinture.

MARCELIN (Jacques), né à Paris. — 6, rue des Wallons, 13°, et Ker Disheol, Concarneau (Finistère).

2387 Thonniers dans le port, Concarneau.
2388 Fin de journée à Concarneau.
2389 La lande de la joie à Penmarch.

MARCEL-LENOIR, né à Montauban (T.-et-G.). — 115, rue N.-D.-des-Champs, 6°.

bis { **2389** *a* La Maria.
{ **2389** *b* Ferme du Tarn.
{ **2389** *c* La joie de vivre.

MARCHAL (Achille-Gaston), né à St-Denis (Seine). — Férolles, par Crécy-en-Brie (S.-et-M.).

2390 Beynac.
2391 Beynac.
2392 Paysage.

MARCHAND (Camille) né à Paris. — 3, sq. du Champ-de-Mars, 15°.

2393 Sur la plage, Veules-les-Roses (aquarelle).
2394 Le cheval blanc (aquarelle).
2395 Le moulin de la Mer (pochade).

MARCOLESCO (Georges), né à Bucarest. — Roumain. — 3, rue Mariotte, 17°.

2396 Panier à ouvrage.
2397 Dossier de chaise.
2398 Gigot de mouton.

MARCOUSSIS (Louis), né à Varsovie. — Polonais. — 61, rue Caulaincourt, 18°.

2399 Nature morte.
2400 Nature morte.
2401 Nature morte.

MARE (André), né à Argentan. — 116, faubourg St-Honoré, 8°.

2402 Les chevaux.
2403 Eloge des Beaux-Arts.
2404 Eloge des Beaux-Arts.

MARÉCHAL (Rodolphe), né à Montpellier. — 13, rue Biscornet, 12e et chez M. Paul Guillaume, 59, rue de la Boétie, 8e.

*2405 Vue de la Marne, à Lagny (appartient à l'auteur)
*2406 Nature morte (appartient à l'auteur).
*2407 Vue de la Marne, à Champigny (appartient à l'auteur).

MARESCHAL (Yvonne), née à Albertville (Savoie). — 15, avenue Ledru-Rollin, 12e.

2408 Repasseuses.
2409 Nature morte.
2410 Etude.

MARIE (Irène-Félicienne), née à Paris. — 23, quai de Grenelle, 15e.

2411 Paravent bleu saphir et or.
2412 Paravent rouge.
2413 Paravent fantaisie.

MARINI (Jean), né à Bastia (Corse). — 7, rue Belloni, 15e.

2414 Femme assise.
2415 Saint-Pierre-de-Vénaco (Corse).
2416 Coin de village (Corse).

MARKITANTE (Sam), né à Mahylew-Pod. — Russe. — 13, rue Girardon, 18e.

2417 Vieille forteresse turque : Prison des patriotes polonais, siège actuel du Gouvernement bolchevick (frontière roumaine).
2418 Château des Brouillards (ancienne ferme sous Louis XIV transformée en salle de bal), ancien atelier de Renoir.
*2419 Portrait de la comtesse K... (appart. au comte K.)

MARLIERE (Georges), né à Aubenton (Aisne). — 29, r. de Buci, 6e.

2420 Sous bois en été.
2421 Parc Louis XV.
2422 Parc Louis XV.

MARRE (Hélène), née à Paris. — 71, boul. Berthier, 17e.

*2423 Portrait de Mlle B... (appartient à Mlle B...).
2424 Etude en noir et blanc.

MARROT (Henry), né à La Souterraine (Creuse). — 60, r. Monge, 5e.

2425 Maison dans la vallée.
2426 Fleurs.
2427 Le château de Morthemer.

MARTIN (Henri), né à Paris. — 107, av. Henri-Martin, 16ᵉ.

2428 L'église de Villers.
2429 Femme nue.
2430 Route de Villers.

MARTIN (Claude-René), né à Paris. — 12, rue de l'Abbaye, 6ᵉ.

2431 Figure.
2432 Collioure, temps gris.
2433 Collioure, matin.

MARTIN (Maurice-Félix), né à Chablis (Yonne). — 12, avenue de Lutèce, à la Garenne-Colombes.

2434 Bar-le-Duc.
2435 Paysage.
2436 Paysage.

MARTINIE (Berthe), née à Nérac (L.-et-G.). — 14, rue François-Guibert, 15ᵉ.

2437 L'été.
2438 Nu.
2439 Panneau décoratif.

MARTEL (Jan), né au Mollin (Vendée). — 6, rue Huyghens, 14ᵉ.

2440 Monument aux Morts de St-Gilles-sur-Vic (Vendée), dessin en collaboration avec Joël Martel, statuaire, et Jean Burkhalter, architecte.
2441 Monument aux Morts d'Olonne (Vendée), dessin, en collaboration avec Joël Martel, statuaire, et Jean Burkhalter, architecte.
2442 Projet de monument aux Morts pour la ville d'A. (dessin), en collaboration avec Joël Martel, statuaire, et Jean Burkhalter, architecte.

MARTEL (Joël), né au Mollin (Vendée). — 6, rue Huyghens, 14ᵉ

2443 Poilu. Monument aux Morts de La Loupe (Eure-et-Loir), pierre de Lorraine (moulage sur la pierre), en collaboration avec Jan Martel, statuaire.
2444 Vue d'ensemble du Monument de La Loupe (dessin).
2445 Tête de Poilu. Monument aux Morts de Néron (Eure-et-Loir), pierre de Lorraine (moulage sur la pierre), en collaboration avec Jan Martel, statuaire.

MARTINE (Albert), né à St-Germain-en-Laye (S.-et-O.). — 8 *ter*, rue des Bûcherons, à St-Germain-en-Laye.

2446 Nature morte.
2447 Verdilly (Aisne), paysage.
2448 Portrait.

MASEREEL (Frans), né à Blankenberghe. — Belge. — 15, Grands-Philosophes, à Genève. — (*Voir à la Section Belge*).

2449 Dessin.
2450 Dessin.
2451 Dessin.

MASSIN (Louis-Eugène-Pierre), né à Paris. — 95, rue de Vaugirard, 6e.

2452 Fête de nuit, Audierne.
2453 Soir d'été.
2454 Le Pouliguen, la grande Côte.

MATHIEU (Denyse-Marguerite-Louise), née à Paris. — Place de la République, à St-Fargeau (Yonne).

2455 Cuivre et faïence.
2456 Fleurs et fruits.
2457 Le moulin Ragon (Saint-Fargeau).

MATHIEU-GOUTS (Henriette), née à Paris. — 27, rue de Liége, 8e.

2458 Une vitrine contenant : une gaine de coussin, cuir repoussé et peint ; sujet : Femme aux chèvres.
2459 Une vitrine contenant : une gaine de coussin, cuir repoussé et peint ; sujet : Décoration de sorbier.
2460 Un buvard, cuir repoussé, nus sur fond paysage.

MATHYS (Albert-François), né à Bruxelles. — Belge. — 21, rue Le Cortège, à Bruxelles. — (*Voir la Section Belge*).

2461 Portrait de Madeleine.
2462 Contre-jour.
2463 Le buste noir.

MATULKA (Jan), né à Vlachovo Brezi (Bohême). — Tchéco-slovaque. — 50, rue Vavin, 6e.

2464 La femme.
2465 Paysage.
2466 Composition.

MAURANCHON (Lucien), né à St-Germain-en-Laye. — 29, rue de la Garenne, à Sèvres (S.-et-O.).

2467 Figure.
2468 Paysage.
2469 Paysage.

MAURICE (Roland), né à St-Amand (Cher). — rue Maurice, à Morlac (Cher).

***2470** Portrait de mon père (appartient à l'auteur).
***2471** Portrait de M. P. D... (appartient à M. P. D...)
***2472** Portrait de M. L. Y... (appartient à M. L. Y..)

MAVRO (Mania), né à Odessa. — Français. — 45, boul. Lefebvre, 15e.

2473 Danseuse.
2474 Paysage.
2475 Poupée.

MAX (René), né à Constantinople. — Arménien. — 2, passage de Dantzig, 15e.

2476 Toucans Giganthéa (panneau décoratif).
2477 Toucans Giganthéa (panneau décoratif).
2478 Pigeons (panneau décoratif).

MAYNADIÉ (Charles-Emmanuel), né à Paris. — 207, rue de Tolbiac, 13e.

2479 Bords de la Lingue, camp de Ciar.
2480 Environs de Bonneuil.
2481 Fleurs et fruits.

MAZARD (Alphonse-Henri), né à Paris. — 20, rue Berthe, 18e.

2482 Prés, La Ferté-Alais (Seine-et-Oise).
2483 Environs d'Itteville (Seine-et-Oise).
2484 Etude.

MEDGYES (Ladislas), né à Budapest. — Tchéco-Slovaque. — 26, rue du Faubourg-St-Jacques, 14e.

2485 Peinture.
2486 Peinture.
2487 Dessin.

MEEUS (Joseph-Jules, dit Robert), né à Auderlecht. — 8, rue Frédéric-Magisson, 15e.

2488 Vieux remparts, Arnay-le-Duc (Bourgogne).
2489 Queue d'étang, Arnay-le-Duc (Bourgogne).

MEINSEL (Alexandre), né à Tigy (Loiret). — 42, rue St-Vincent, 18°.

    2490 Lapin agile.
    2491 La Seine au pont de Saint-Ouen.
    2492 Retour des cerises (buste plâtre patiné).

MELCHEIM (Isaac), né à Morlaix. — 9, rue du Port-aux-Lions, à Charenton.

    2493 Marchande d'oranges.
    2494 Contemplation.
    2495 Nature morte.

MENDÈS-FRANCE (René), né à Paris. — 48, rue Magenta, à Asnières.

    2496 Taverne de l'Olympia.
    2497 Olympia Taverne.
    2498 A la Taverne.

MENNERET (Charles), né à Paris. — 17, avenue Trudaine, 9°.

    2499 Paysage.
    2500 Paysage.
    2501 Paysage.

MENON (Pierre-Louis), né à Grenoble (Isère). — 15, rue du Cherche-Midi, 6°.

    *2502 L'Offrande (appartient à Mme M. de L.).
    *2503 Etude pour une décoration murale.
    2504 Un cadre de gravures.

MERGIER-DIÈRE (Mme Myriam) née à St-Servan (Ille-et-Vilaine). — 226, boulevard Raspail, 14°.

    2505 Portrait de M. Mergier.
    2506 Paysage du Lot après l'orage.
    2507 Simone.

MÉRIOT (Jules-Louis), né à Paris. — 140, boul. Magenta, 10°.

    2508 Matin d'automne.
    2509 Matin d'automne (panneau décoratif).
    *2510 Temps gris (étude) (appartient à l'auteur).

METZINGER (Jean), né à Nantes. — 121, avenue Félix-Faure, 15°.

    *2512 Nature morte (appartient à M. Léonce Rosenberg).
    2513 Nature morte.

MEUNIÉ (Paul-Henri), né à Paris. — 4, rue Picot, 16°.

2514 Gibier.
2515 Nature morte.

MEUNIER (Amélie), née à Paris. — 51, rue Ramey, 18°.

2516 Solitude (écran brodé à la main).

MEURISSE (René-Henry), né à Bourges. — 10, avenue de la République, 11°.

***2517** Portrait (appartient à Mme B...).
2518 Fin de souper.
2519 Le Jugement de Pâris.

MÉZERETTE (Louis-Edmond-Jean), né à Saint-Pierre-le-Moûtier (Nièvre). — 5, rue Alphonse-Daudet, 14°.

2520 Gros temps.
***2521** Portrait de M. Collet (appartient à M. Collet).
2522 Brume.

MIAULET (William), né à Nîmes (Gard). — 10, r. de Buci, 6°.

2523 Vieille ferme dans l'Yonne.
2524 Bégonias.
2525 Petits canetons.

MIESTCHANINOFF (Oscar), né à Witebsk (Russie). — Russe. — 7, cité Falguière, 15°.

2526 L'homme au chapeau haute-forme.

MIKLOS (Gustave), né à Budapest. — Français. — 158, rue Saint-Jacques, 5°.

2527 Figures et chien.
2528 Figures (peinture à l'œuf sur bois).

MILICH (Adolphe), né à Tyszowee. — Polonais. — 18, boulevard Edgar-Quinet, 14°.

2529 Paysage provençal.
2530 Nature morte.

MILLARD (Ernest), né à Paris. — 7, boulevard Arago, 13°.

2531 Le pont Marie (effet de neige).
2532 Noyon (1918).

MILLE (Marthe Quentin-), née à Reims (Marne). — 62, boulevard
Barbès, 18°.

    2533 Le pied meurtri (nu).
    2534 Pivoines doubles, sous la veranda.
    2535 Jeune femme dans un parc.

MILLORD (Antoine), né à Maisons-Laffitte. — 15, rue du Mesnil,
à Maisons-Laffitte (S.-et-O.).

    2536 Au mouillage.
    2537 Nature morte.
    *__2538__ Moulin sur bras de Seine (appartient à l'auteur).

MILLOT (Eugène-Charles), né à Paris. — 6, rue de Fécamp, 12°.

    2539 Après le bain (composition décorative).

MILOUNOVITCH (Milo), né à Cettigné. — Yougoslave. — 14,
cité Falguière, 15°.

    2540 Les femmes à la terrasse.
    2541 Nature morte.
    2542 Tête de femme.

MISRAHI (Joseph), né à Méhalla-el-Kébira. — Egyptien. — 19, quai
Saint-Michel, 5°.

    2543 Vieux port de Marseille.
    2544 Quai Saint-Michel.
    2545 Paysage d'Egypte.

MITARACHIS (Jean), né à Chio (Grèce). — Hellène. — 103, rue
de Vaugirard, 6°.

    2546 Femme nue.
    2547 Nu.
    2548 Peinture.

MOFFAT (Curtis), né à New-York. — Américain. — 5, rue de
l'Etoile, 17°.

    2549 Portrait.
    2550 Composition.
    2551 Portrait.

MOHRIEN (Achille), né à Paris. — 1 bis, rue Saint-Gilles, 3°.

    2552 Effet de soleil.
    2553 Meule, le matin, contre-jour.
    2554 Une roseraie.

MOLINARD (Paul), né à La Martinique. — Français. — 17, boul. Gouvion-St-Cyr, 17e .

    2555 Chrysanthèmes sur fond rouge.
    2556 Le Château-Gaillard au Petit-Andely.
    2557 La sortie des bateaux à Saint-Tropez (Var).

MOMBRUN (Lucien), né à Madrid. — 60, boul. de Clichy (Pavillon du Midi), 18e.

    ***2558** Portrait.
    2559 Pays basque.
    2560 Evocation du Bouddha de Mahayana.

MONDIN (Yvonne), née à Condom (Gers). — 40, rue Denfert-Rochereau, 5e.

    2561 Nature morte.
    2562 Paysage.
    2563 Esquisse pour une nativité.

MONDOLFO (J.-J.). — 12, rue Jules-Clarétie, 16e.

    2564 Etude d'homme au balcon.
    2565 Nature morte.
    2566 Etude de femme.

MONDZAIN (Simon). — 5, rue Campagne-Première, 14e.

    ***2567** Les arbres (appartient à M. Sabouraud).
    2568 Nature morte.
    ***2569** Sanary (appartient à M. Zamarou).

MONMÉLIEN (Edouard), né à Paris. — 66, Grande-Rue, à Flers (Orne).

    2573 Panneau (deux marines), aquarelle.
    2574 Paysage (aquarelle).

MONNIER (Claire-Lise), née à Annemasse. — Monthous-s-Anne-masse (Haute-Savoie).

    2575 La moisson.

MONNOT (Maurice-Louis), né à Paris. — 12, avenue Rabuteau, à Gournay-sur-Marne (S.-et-O.).

    2576 Effet de lampe.
    2577 Nature morte.
    2578 La table (effet de lampe).

MONTAL (Louis-Alexandre), né à Cahors (Lot). — 128 *ter*, boul.
de Clichy, 18e.

2579 Salomé.
2580 Eglise St-Front (Dordogne).
2581 La vallée du Lot (environs de Cahors).

MONTEIL (Louis-Jacques), né à Paris. — 87, rue Lepic, 18e.

2582 Danse orientale (fête de Montmartre).
2583 La dispute.
2584 Danse du ventre (fête de Montmartre).

MONTFORT (Giorgie), née à Beauregard-Vendou (P.-de-D.). —
31, rue Jeanne, 15e.

2585 Tempête (détrempe).
2586 Soleil levant (détrempe).
***2587** Portrait (appartient à l'auteur).

MONTMEROT (Albert-Marien-Lazare), né à Autun (S.-et-L.). —
1, rue des Cités, à Autun (Saône-et-Loire).

2588 Paysage au petit joueur de flûte.
2589 Paysage de Brisecou (environs d'Autun).
2590 Neige d'automne (peinture sur carton).

MONTOLIN (André), né à Paris. — 131, rue Championnet, 18e.

2591 Les bords de l'Yerres.
2592 L'Auvergne pittoresque.
2593 Nature morte.

MOOR (Christian de), né à Rotterdam. — Hollandais. — Préfleury,
Talou, par Chevreuse (S.-et-O.).

2594 Dessin : La tentation de Saint-Antoine (Flaubert).

MORCHAIN (Paul), né à Rochefort-s-Mer. — 4, rue du Texel, 14e.

2595 La partie de carte.
2596 Paysage.
2597 Paysage.

MOREAU (Luc-Albert), né à Paris. — 15, rue du Cherche-Midi, 6e.

2598 Portrait.
2599 Etude sur la boxe.
2600 Dessin.

MOREAU (Gaston-Auguste-Bernard), né à Paris. — 15 *bis*, rue de Châtillon, à Clamart (Seine).

    2601 Sablière à Clamart (effet du soir).
    2602 Effet du matin à Clamart, près Châtillon.
    2603 Après le sacrifice (nature morte).

MORER (Denis-Simon-Joseph), né à Bouleternère (Pyrénées-Orientales). — 7, rue Montbrun, 14e.

    ***2604** Portrait de l'auteur.
    ***2605** Nature morte.
    ***2606** Portrait de grand'mère.

MORGAN-RUSSELL, né à New-York. — Américain. — Aigremont, par Poilly (Yonne).

    2607 Portrait du peintre.
    2608 Danaé.
    2609 Job et son Dieu.

MORETTI (Luigi), né à Venise. — Italien. — 83, rue de la Tombe-Issoire, 14e.

    2610 Nu.
    2611 Intimité.
    2612 Roses.

MORILLON (Etienne), né à Soucieu-en-Jarrez (Rhône). — 11, rue Martin, à Lyon.

    ***2613** Nature morte (appartient à M. Vautheret).
    2614 Portrait d'homme.

MORIN-JEAN (Jean-Joseph-Alexis), né à Paris. — 33 *bis*, boul. de Clichy, 9e. —

    2616 Nu aux as.
    2617 Paysage.
    2618 Nature morte.

MORIS (Félix), né à Putte-lez-Malines. — Belge. — 207, faubourg St-Martin, 10e. — (*Voir à la Section Belge*).

    2619 Le porte bonheur.
    2620 Fleurs d'automne.
    ***2621** Petite ferme à Putte (Belgique), appartient à Mme Moris-Vérez).

MORLIER (Pierre), né à Châteauroux (Indre). — 4, place du Louvre, mairie du 1er arrondt.

    ***2622** Portrait de l'artiste par lui-même (appartient à l'auteur).
    ***2623** Mon premier tableau (appartient à M. Morlier).
    ***2624** Portrait du père de l'artiste (appartient à M. Couturier).

MOROT (Jacques), né à Sèvres (S. et-O.). — 24, rue d'Assas, 6e.

*2625 Chleuch au chapelet (Maroc).
2626 La Despedida (l'adieu), République Argentine.
2627 Le Château du Metz (Loiret).

MORSE-RUMMEL (Frank), né à Berlin. — Anglais. — 6, rue Nicolo, 16e.

2628 Paysage du Nord (Norvège).
*2629 Portrait de Mme C. D...

MORTIER (Robert), né à Nice. — 55, rue de Lille, 7e.

2630 Paysage.
2631 Paysage.
2632 Paysage.

MORTIMER-GRONOW (Alexis-Tudor), né à Paris. — Anglais. — 39, rue Washington, 8e.

2633 Honfleur : quais à marée basse.
2634 Vue du port d'Honfleur à marée basse.
2635 Quai Ste-Catherine à Honfleur.

MORVAN (Georges-Frédéric), né à La Rochelle. — 31, rue Raspail, Vanves (Seine).

bis   2635 a Paysage (Vendée).
      2635 b Paysage à Vezelay (Yonne).
      *2635 c Portrait de Mme B... (appartient à Mme B...)

MOUAT (Dagoussia), né à Tiflis (Caucase). — Anglais. — 55, rue du Montparnasse, 14e.

2636 Paysage.
2637 Paysage.
2638 Ménage.

MOUCHOT (Georges-Léon-Philippe), né à Paris. — 50, rue Saint-Didier, 16e.

2639 Le Dourduff (Finistère).
2640 En rade de Morlaix.
2641 Paysage.

MOUIER (Maggy), née à Paris. — 14, passage Victor-Marchand, 13e.

2642 Près de la fenêtre.
2643 Douric-ar-Zine (Bretagne).
2644 Nature morte.

MOUILLOT (Marcel), né à Paris. — Villa Suzanne, St-Tropez (Var).

2645 Jardin (Provence).
2646 Paysage (Provence).
2647 Nature morte.

MOYSE (Elsa-Marie), née à Paris. — 14, rue Oudinot, 7e.

***2648** Marée basse (Varengeville), appartient à l'auteur.

MUSSA (Patrick), né à Paris. — 51, rue Molitor, 16e.

2649 La voile rouge (Concarneau).
2650 L'heure dorée (Concarneau).
2651 Retour de la caravane.

NAZE (Mme Suzy), née à Paris. — 66, rue de Rennes, 6e.

2652 Six dessins :
    1. Une rivière.
    2. La Rochelle.
    3. Zéelande.
    4. La Rochelle.
    5. Bordighiera.
    6. Bateaux.

NEILLOT (Louis), né à Vichy (Allier). — 10, rue de l'Eglise, à Asnières (Seine).

2655 Soleil d'hiver (paysage bourbonnais).
2656 Pommes (nature morte).
2657 La faucheuse (paysage bourbonnais).

NÉRÉE-GAUTIER (Jane), née à Bordeaux. — 12, r. Louis-David, 16e.

2658 Poteries rouges.
2659 Le vase bleu.
2660 Effet de lampe.

NÉRI (Pierre), né à Genève. — Suisse. — 12, r. du Mont-Blanc.

2661 Paysage.
2662 Paysage.

NÉRON (Auguste-Marie-Louis), né au Puy (Hte-Loire). — 35 *bis*, avenue de Gennevilliers, à Colombes (Seine).

2663 Fleurs.
2664 Portrait.
***2665** Portrait de l'artiste.

NICAUD (Gilbert), né à Egletons (Corrèze). — 24, rue Taitbout, 9°.

2666 Portrait de Mlle D...
2667 Profil.
2668 Face.

NICOD (Georges), né à Annonay (Ardèche). — Bourg Saint-Andéol (Ardèche).

2669 Bord du Rhône.
2670 Golfe de Cassis.
2671 Lac d'Annecy (matin).

NIERMANS (Jean), né à Paris. — 7, rue Lebouis, 14°.

2672 Ababa, abobi abobu.
2673 Radiation du cosinus $\sqrt{2}$

NIGAUD (Paul-Louis), né à Digoin (S.-et-L.). — Voutenay-sur-Cure (Yonne).

2674 Eté.
2675 Paysage.
2676 Paysage.

NOUAILHAC (René), né à Créteil. — 2, passage de Dantzig, 15°.

2677 L'éternelle légende.
2678 Les fleurs.
2679 Les fruits.

NOURRIGAT (Emile), né à Maraussan (Hérault). — 18, r. Friant, 14°.

2680 Bacchus.
2681 Le poète et la Renommée.
2682 Faune et nymphe.

NOVEL (Louis-Ernest-Claudius), né à Angoulême (Charente). — 20, cité Trévise, 9°.

2683 La ferme de Trez (Bénodet).
2684 Le moulin du Lenn (Finistère).
2685 Vieille maison à Porsac.

NURDIN (Paul), né à Neuilly-sur-Seine. — 3, r. Vercingétorix, 14°.

2686 Portrait de l'auteur.
2687 Peinture.
2688 Peinture.

OBERKAMPF (Roger-Louis), né à Lyon. — 12, rue des Eaux, 16e.

2689 La Reine de Saba : I. Les présents.
2690 La Reine de Saba : II. Les énigmes.
2691 Les blés (village de N.-D. de Vautreuil).

OHLSEN (François-Jonas), né à Rome. — Italien. — 7, rue Belloni, 15e.

2692 Cortège nuptial (frise).
2693 La danse de la femme, du phoque, de l'aigle et du serpent.
2694 La danse de la femme, de la tortue, de la panthère et du pélican.

OLESIEWICZ (Sigismond). — Polonais. — 20, r. Ernest-Cresson, 14e.

2695 Panneau décoratif.
2696 Panneau décoratif.
***2697** Illustrations pour les contes populaires (éditeur Bragaglio, Rome).

OLIVE (Henri), né à Tamaris (Var). — 77, r. Denfert-Rochereau, 14e.

2698 Le croupier.
2699 Portrait du Félibre J. M... et sa femme.

OLIVIER (Ferdinand), né à Martigues (B.-du-R.). — 6, square Delambre, 14e.

2700 La rive à Martigues.
2701 Le hall aux poissons.
2702 Le Brescon (Martigues).

OLOFSSON (George-A.), né à Motala (Suède). — Américain. — 4, rue Belloni, 15e.

2703 Paysage.
2704 Paysage.
2705 Composition.

ORDE (Cuthbert), né à Norfolk (Angleterre). — Anglais. — 31, rue Campagne-Première, 14e.

2706 Portrait.
2707 Nature morte.
2708 Nature morte.

ORGAZ (Pascal), né à Bayonne. — 123, boulevard Ney, 18e.

2709 Ruelle à Châteauneuf-sur-Loire.
2710 Pont sur la Loire à Châteauneuf-sur-Loire.
2711 Port Blanc (Côtes-du-Nord).

ORLOFF (Chana). — Russe. — 68, rue d'Assas, 5e.

    2712 Laboureur.
    2713 Mon fils (bois).
    2714 Pierre Choreau.

OSTERLIND (Anders), né à Lépaud. — Suédois. — 84, boulevard de la Reine, à Versailles.

    2715 Paysage.
    2716 Paysage.

OTI (Lucien), né à Paris. — 23, rue de Crosnes, à Villeneuve-St-Georges (S.-et-O.).

    2717 La Seine à Villeneuve-Triage (S.-t-O.).
    2718 Rue de Rome, Alfortville (S.-et-O.).
    2719 L'arbre mort et la Seine à Villeneuve-Saint-Georges (S.-et-O.).

OTT (Lucien), né à Paris. — 23, rue de Crosnes, à Villeneuve-St-Saint-Georges (Seine-et-Oise).

    2720 Iris.
    2721 Pivoines.
    2722 Lys.

OUILLON-CARRÈRE (Fernand), né à Paris. — 11, rue des Sablons, 16e.

    2723 Abandon.
    2724 Jeune femme nue.
    ***2725** Mlle Ginette Archambault, du théâtre Marjal.

OURY (Louis), né à Montauban. — 69, rue Froidevaux, 14e.

    2726 Antinéa (buste plâtre).

OURY (Jules-Vincent), né à Paris. — 27, rue Linois, 15e.

    2727 La cascade.
    2728 L'Oise à Éragny.
    2729 La Seine à Suresnes.

OYRÉ (Marie-Juliette d'), née à Châtellerault (Vienne). — 41, rue Montparnasse, 14e.

    2730 Un coin de cheminée.
    2731 Auto-portrait.
    2732 Fleurs.

OZENFANT (Amédée), né à Saint-Quentin (Aisne). — 35, rue Godot-de-Mauroy, 9e.

    2733 Nature morte.
    2734 Nature morte.

PACQUET (Henri-Maurice), né à Glatigny (Manche). — Giverny, par Vernon (Eure).

> **2735** Rivière (matinée d'automne).
> *__2736__ Portrait (appartient à l'auteur).
> **2737** Petits peupliers : soir d'automne à Giverny.

PAERELS (Willem), né à Delft (Hollande). — Belge. — 929, Ch. d'Alsemberg, Bruxelles. — (*Voir à la Section Belge.*)

> **2738** Jeune femme en noir.
> **2739** Port.
> **2740** Paysage.

PAILES (Isaac), né à Kiew (Russie). — Russe. — 2, passage de Dantzig, 15e.

> **2741** Nature morte.
> **2742** Nature morte.
> **2743** Nature morte.

PAILLOT (Fortuné), né à Anzin (Nord). — 23, rue Clauzel, 9e.

> *__2743__ a Portrait de Mme Montel.
> **bis** *__2743__ b Portrait de Mme Ch. Kapp et de ses enfants.
> *__2743__ c Portrait de M. Gabriel Bernard.

PAJOT (René), né à Paris. — 3, rue Vercingétorix, 14e.

> **2744** Emile Verhaeren, poète (buste original en plâtre).
> **2745** Etude de tête (masque de jeune homme) plâtre.
> **2746** Projet esquisse (monument), plâtre.

PALLIER (Raymond), né à Dieppe (Seine-Inférieure). — 21, rue Dautancourt, 17e.

> **2747** Le premier couple.
> **2748** Mme A. B... dans *Phi-Phi*.
> **2749** Bord de la Seine à Thomery (étude).

PAMER (Maurice), né à Nantes. — 3, avenue du Polygone, à Vincennes.

> **2750** Nogent, vu du Tremblay.
> *__2751__ Portrait de M. L. L... (appartient à M. L. L...)
> **2752** Sportives (groupe plâtre)

PANNARD (Henri-Lucien), né à Coubert (Seine-et-Marne). — 41, rue du Rendez-Vous, 12e.

> **2753** La forge
> **2754** Alerte!

PARAYRE (Henri), né à Toulouse. — 14, rue Velane, à Toulouse.

2756 L'eau (statuette bois d'or).
2757 Le feu (statuette bois de corail).
2758 Jeune chat (statuette ébène).

PARENT (Léon), né à Armentières (Nord). — 9, r. des Apennins, 17°.

2759 Plaisir champêtre.
2960 Freneuse, les coteaux.
2761 La Roche-Guyon.

PARENT (Roger), né à Paris. — 54, rue de l'Aqueduc, à Bruxelles (Belgique).

***2762** Groupement (appartient à M. Georges Giroux).

PARESCE (René), né à Carouge. — Italien. — Chez M. Fischer, 17, avenue du Docteur-Durand, à Arcueil (Seine).

2763 Nature morte.
2764 Nature morte.
2765 Nature morte.

PATISSOU (Jacques), né à Nantes. — 38, rue du Four, 6°.

2966 Tulipes et mimosas.
2767 Instruments de musique.
2768 Fleurs dans un chaudron.

PAUCHOT (Paul-Pierre-A.), né à Bordeaux. — 39, rue Manin, 19°.

***2769** Les maçons modernes.
***2770** Une chose incroyable.
***2771** Le Tasou à Pessac.

PAUTOT (Emilie), née à Paris. — 8, Villa Boissière, 16°.

***2772** Au piano (appartient à l'auteur).
2773 Nature morte.
2774 Fleurs.

PAUL (Eugène-Léon), né à Bransat (Allier). — 49, rue Gabrielle, 18°.

2775 Place Saint-Pierre (Montmartre).
2776 Etude (nu).
2777 Le panier de cerises.

PAUL (J.-Marcel). — 18, rue Gabrielle, 18°.

***2778** L'homme découvre la femme (appartient à Mlle M...).
2779 Nostalgie.
2780 Jeunesse.

PAULÉMILE-PISSARRO, né à Éragny-Bazincourt (Oise). — 14, rue Damrémont, 18e.

2781 Bords de la Seine aux Andelys.
2782 L'heure du bain aux Andelys.
2783 Arbres aux Vezillons.

PAULTRE (Georges), né à Châteaudun. — 68, rue Lhomond, 5e.

*2784 Étude (appartient à M. C...)
2785 Étude.
2786 Étude.

PAVIE (Jean), né à Mamers (Sarthe). — 68, boul. Edgar-Quinet, 14e.

2787 Sculpture.
2788 Sculpture.
2789 Sculpture.

PAVIL (Mlle Lina), né à Odessa. — 21, rue de La Tour-d'Auvergne, 9e.

2790 Pivoines roses.
2791 Fleurs.
2792 Nature morte (aquarelle).

PAZ (Alice), née à Paris. — 25, avenue de Wagram, 17e.

*2793 Portrait de M. N. A... (appartient à M. N. A...)
*2794 Portrait de M. H. F... (appartient à l'auteur).
2795 Intérieur.

PÉAN (René-Louis), né à Paris. — 80, rue Taitbout, 9e.

2796 Danseuse (pastel).
2797 Fantaisie (pastel).
2798 Espagne (pastel).

PÉCHAUBES (Eugène-Jean), né à Pantin (Seine). — 15, rue Solférino, à Aubervilliers.

2799 Retour des champs.
2800 Le tombereau.
2801 Halte à l'auberge.

PEDRO, né à Toulouse. — 29, rue Jacob, 6e.

2802 Le Pont Royal.
2803 Le Pont Neuf.
2804 L'Institut.

PÉGURIER (Auguste), né à Saint-Tropez. — 11 *bis*, rue Sainte-Anne, 1er.

    2805 La Nive à Cambo.
    2806 Port de Saint-Tropez.
    2807 Port des pêcheurs à Saint-Tropez.

PEINTE (Jeanne), née à Gap (Hautes-Alpes). — « Feunteunic ar Lez », à Quimper (Finistère).

    2808 Chapelle Saint-Nicolas à Fort Manec (Finistère).
    2809 Etude de rochers (Bretagne).
    2810 Brûleuses de goëmons (Bretagne).

PELLERIER (Maurice), né à Paris. — 15, rue Alphonse-Daudet, 14e.

    2811 Le jet d'eau.
    2812 Concarneau.
    2813 Concarneau.

PELLETIER (Pierre-Sébastien-Joseph), né à Montsauche (Nièvre). — 18, boulevard Saint-Michel, 6e.

    2814 Un cadre : six études d'homme d'après nature (crayon).
    2815 Un cadre : trois dessins d'homme (crayon).
    2816 Sur les berges (croquis de la Seine), crayon.

PENNROZE (Loïs), née à Paris. — 8, rue de Courcelles, 8e.

    2817 Rêverie.
    2818 Zuleika.
    2819 Etude.

PENOT (Eugène-Edouard), né à Pithiviers (Loiret). — 223, rue de l'Université, 7e.

    2820 Meules sous la neige.
    2821 La maison du passeur.
    2822 Paysage à Précy.

PENZYNA (Gustave), né à Sandomir. — Polonais. — 16, rue du Saint-Gothard, 14e.

    2823 Vitrine de huit objets d'art :
        Une psyché sculptée, dorée et laquée.
        Une glace en hêtre patiné clair.
        Une glace en hêtre patiné foncé.
        Deux petits faces à main en amboine et en amarante ciré.
        Deux lampes dorées et laqué.
        Un porte-cigares et cigarettes.
        Le cauchemar de la fumeuse d'opium.

PÉRAIRE (Maurice), né à Aix-en-Provence. — 197, boulevard Saint-Germain, 7e.

> 2824 Tulipes.
> 2825 Soucis.
> 2826 Envoi de Nice.

PERCEVAULT (Louis), né à Paris. — 12, avenue de Châtillon, 14e.

> *2827 Portrait (appartient à M. C...)
> 2828 Démolitions du Pont de la Tournelle.
> 2829 Dans les ruines (Lavardin).

PERDRIAT (Hélène), née à La Rochelle (Charente-Inférieure). — 8, impasse Ronsin, 15e.

> 2830 La romance.
> 2831 La petite jardinière.
> 2832 Le réveil.

PÉRILLARD (Jules), né à Lausanne. — Suisse. — 7, rue de Lancry, 10e.

> 2833 Paysage.
> 2834 Paysage à la Badandière (S.-et-O.).
> 2835 Paysage à la Badandière (S.-et-O.)

PÉRINET (Louis-André), né à Poissy (Seine-et-Oise). — 33, rue des Ecoles, à Villeneuve-Saint-Georges (Seine-et-Oise).

> 2836 Rivière du Trieux, près Pontrieux (Côtes-du-Nord).
> 2837 Rivière du Trieux, près Frynaudour (Côtes-du-Nord).
> 2838 Impression de Bretagne.

PÉRONNE (Henri-Louis), né à Paris. — 53, rue Hoche, à Pantin (Seine).

> 2839 Le braconnier.
> 2840 Mise au tombeau.
> 2841 Portrait.

PÉROUSE (Joseph-Mario), né à Clermont-Ferrand. — 4, rue de Serbie, à Clermont-Ferrand (Puy-de-Dôme).

> 2842 La Dordogne à Saint-Sauves (Auvergne).
> 2843 Automne à Banizette (Creuse).
> 2844 La Sioule à Château-Rocher (Auvergne).

PERRAIN (Jeanne), née à Angoulême. — 39, rue Waldeck-Rousseau, à Angoulême, et 13, rue de Tournon, 6°.

2845 Le parterre des humbles.
2846 La neige sur ma terrasse.
2847 Une potiche de capucines.

PERRET (Jean), né à Lyon. — 235, faubourg Saint-Honoré, 8°.

2848 Portrait vert, Mlle A. G...
2849 Portrait noir, Mlle M. H...
2850 Portrait violet, Mlle C. G...

PERRETTE (Paul-Emile), né à Clamecy (Nièvre). — 35, rue de Liège, 8°.

2851 Bord d'étang (paysage).
2852 Vase de roses (fleurs).
2853 Althéas (fleurs).

PERRIN-MAXENCE (Henri), né à Saint-Etienne (Loire). — 3, rue Boissonade, 14°.

2854 Nature morte (fleurs).
2855 Paysage (Creuse).
2856 Nature morte (fleurs).

PERROTET (Joseph-Louis), né à Beaune (Côte-d'Or). — 10, rue Merlin, 11°.

2857 Institut de France.
2858 Saint-Germain-l'Auxerrois.
2859 Notre-Dame, vue des bas quais.

PERSON (Henri), né à Amiens. — 48, boul. des Batignolles, 17°.

2860 Sur la Garonne.
2861 Le port (après-midi).
2862 Le port (soir).

PESKE (Jean). — 39, boulevard Saint-Jacques, 14°.

2863 Les chèvres.
2864 L'été.
2865 Dessin.

PETIT (Jeanne-Andhrée), né à Couilly (Seine-et-Marne). — 59, rue Nollet, 17°.

2866 La terrasse fleurie.
2867 Les Tuileries (le jet d'eau).
2868 Les Tuileries (le bassin fleuri).

PETITJEAN (Hippolyte), né à Mâcon. — 5, villa du Parc-Montsouris (26, rue Nansouty), 14e.

2869 A la fontaine.
2870 Baigneuse.
2871 Repos.

PETITJEAN (Paul), né à Paris. — 10, rue Victor-Hugo, à Montreuil-sous-Bois (Seine).

***2872** Cerf au soleil couchant (appartient à l'auteur).

PETITJEAN (Mlle Paule). — « Atelier Primavera », 64, rue Caumartin, 9e.

2873 Céramiques (éditées par les Magasins du Printemps).

PETITJEAN-FURET (Armand), né à Paris. — 26, rue Lécluse, 17e.

***2874** Trois images pour « Les Frises fantasmagoriques ». (Appartient à l'auteur) :
A. — Impression de l'Horrible « Ouverture » (détrempe).
B. — Impression de l'Horrible « Face de la Statue » (cire détrempée inachevée).
C. — Impressions de l'Horrible « Face de la Statue » (cire détrempée).

PÉTRILLY (Henri), né à Florence. — Italien. — 41, avenue de Paris, à Vincennes.

2875 Dernier repas (groupe sculpture, plâtre).
2876 Chiens de berger (haut relief, plâtre).

PHILLIPS (Bertha), née à Brooklyn, N. Y. (U. S. A.). — Américaine. — Chez Morgan Harjes, 14, place Vendôme, 1er.

2877 Un jardin en fleurs (Veyre).
2878 Le château à Authezat.
2879 Le rocher du Dragon et l'Or du Ruisseau.

PHOCAS (Mlle Suzanne), née à Lille. — 14, rue du Regard, 6e.

2880 Chocolats (panneau).
2881 Danseuses (panneau)
2882 Danseuses (panneau).

PICABIA (Francis), né à Paris. — 14, rue Emile-Augier, 16e.

***2883** La veuve joyeuse.
***2884** Danse de Saint-Guy.
***2885** Chapeau de paille.

PICARD (Dominique), né à Paris. — 202, rue de Courcelles, 17e.

2886 Paysage.
2887 Paysage.
2888 Paysage.

PICARD (Gabrielle), née à Mouriès. — 10, rue Rochechouart, 9e.

2889 Fleurs.
2890 Fleurs (aquarelle).
2891 Fleurs (aquarelle).

PICARD-AMORE (Mamy), né à New-York. — Belge. — 242, boulevard Raspail, 14e.

*2892 Plat de fruits.
*2893 Entre la poire et le fromage.
*2894 Intérieur.

PICARD (Olivier-David), né à Bruxelles. — Belge. — 242, boulevard Raspail, 14e.

2895 Les écuyers.
2896 Portrait.
2897 Paysage.

PICARD DU CHAMBON (René), né à Pierrefitte-sur-Loire (Allier). 5, rue de l'Odéon, 6e.

2898 Le miroir.
2899 L'esquif.
2900 La Belgique (1914).

PICART LE DOUX, né à Paris. — 13, rue Paul-Féval, 18e.

2901 Femme aux roses.
2902 Paysage provençal.
2903 Portrait.

PICAUD (Jonnie), né à Paris. — 15, rue Boyer-Barret, 14e.

2904 Salle des Cariatides (Louvre).

PICHON (Mme Suzanne), né à Nancy. — 41, rue Poussin, 16e. — 5, rue de l'Odéon, 6e.

2905 La petite ville au bord de l'Arno.
2906 Vers le cimetière d'Assise.
2907 Mer bleue et voiles rouges (Ile de Bréhat).

PICHOT (Ramon), né à Barcelone. — Espagnol. — 5, r. des Saules, 18e.

2908 Scène champêtre (Espagne).
2909 Paysage (Espagne).
2910 Fête en Espagne.

PIERRE-HODÉ, né à Rouen. — 13, place Emile-Goudeau, 18°.

*2911 Peinture (appartient à M. R. Pauwels).
*2912 Peinture (appartient au Docteur Laugier).

PIERRET (Auguste-Pierre), né à Paris. — 42, boul. Saint-Germain, 5°.

2914 Par temps calme, matin (Iles d'Hyères).
2915 Coin du port à Thonon.
*2916 Le maquis à Port-Cros (Iles d'Hyères), appartient à Mme P...

PIERROT (Mlle), née à Paris. — 2, rue des Haudriettes, 3°.

2917 La réception (aquarelle gouachée).
2918 Visite à l'accouchée.
2919 Paysage des Cévennes.

PIET (Fernand) né à Paris. — 35, rue Lamark, 18°.

2920 Ile Saint-Ouen.
2921 Au square d'Anvers.
2922 Etude de femme.

PILLON (Mme Josey), née à Cardiff (Angleterre). — 120 bis, avenue Mozart, 16°.

2923 Portrait de M. D...
2924 La robe bleue.
2925 Ma fille.

PINAL (Fernand), né à Bruyères-et-Montbérault (Aisne). — 3, Villa Brune, 14°.

2926 Paysage.
2927 Paysage.
2928 Paysage.

PINON (Henri-Joseph), né à Paris. — 66, rue de la Gare, à Ezanville (Seine-et-Oise).

2929 Paysage.
2930 Paysage.
2931 Paysage.

PIOTROWSKI (Waclaw), né à Varsovie. — Polonais. — 403, rue de Vaugirard, 15°.

2932 Liseur.
2933 Déchu.
2934 Fillette.

PISTCHAL (Julius), né à Odessa (Russie). — Américain. — 34 *bis*, rue Vignon, 9ᵉ.

2935 Portrait.
2936 Paysage.
2937 Etude.

PIVAND (Henri), né à Paris. — Jouy-la-Fontaine, par Maurecourt (Seine-et-Oise).

2938 Nature morte.
2939 Paysage.
2940 Vue de jardin (paysage).

PLANAS (Pablo), né à Barcelone. — Espagnol. — 81, rue Belliard, 18ᵉ.

2941 Nature morte.
2942 Nature morte.
2943 Paysage.

PLAT (Joseph-Eusice), né à Montrésor (Indre-et-Loire). — Saint-Amand (Cher), et 14, rue de Liége, 9ᵉ.

2944 L'Huître et les Plaideurs.
2945 Quos ego !!
2946 La Laitière et le Pot au lait.

PLAZA (Marcelle), née à Blida (Algérie). — 14, rue Hégésippe-Moreau, 18ᵉ.

2947 Nature morte.
2948 Nature morte.
2949 Nature morte.

PLESSIS (Marguerite), née à Bordeaux. — 22, rue de Staël, 15ᵉ.

2950 Paysage.
2951 Esquisse.

PLESSIS (Charlotte), née à Paris. — 22, rue de Staël, 15ᵉ.

2952 Sous bois.
2953 Au travail.
2954 L'herbage.

POINT (Maurice-Raphaël-Quentin), né à Saint-Quentin. — 90, boulevard Raspail, 6ᵉ.

2955 Maurice Point par lui-même (pastel).
2956 Nature morte.
2957 Nature morte.

POIRIER (Paul), né à Paris. — 26, rue Pigalle, 9e.

   *2958 Portrait (appartient à l'auteur).
   2959 L'arbre de la Liberté à Puy-l'Evêque (Lot).
   *2960 Paysage (appartient à l'auteur).

POITEUX (Marie-Victorin), né à Mailly-Raineval (Somme). — 64, rue de l'Amiral-Roussin, 15e.

   2961 Un fossile.
   2962 Monsieur le Mâre!
   2963 L'envie.

PONCELET (Eugène-André), né à Paris. — Provisoirement 40, rue des Apennins, 17e, et à Charmes, par Saint-Donat (Drôme).

   2964 Paysage du Dauphiné.
   2965 Paysage du Dauphiné.
   2966 Paysage du Dauphiné.

PONTOY (Henri-Jean), né à Reims. — 46, rue La Bruyère, 9e.

   2967 Portrait de Mlle G...
   2968 La Seine à Passy.
   2969 Aux environs de Sienne (Italie).

PORNIN (Louis-Joseph), né à La Ferté-sous-Jouarre (Seine-et-Marne). — 45 bis, rue Guersant, 17e.

   2970 La Seine à Juvisy.
   2971 Le port d'Yvoire (Hte-Savoie).

PORTAL (Henry), né à Paris. — 24, rue Eugène-Millon, 15e.

   *2972 Portrait (appartient à l'auteur).
   2973 Les personnages.
   2974 La commode.

PORTAL (Emile), né à Marseille. — 103, rue de Ménilmontant, 20e.

   2975 La rue de la Bidassoa.
   2976 Bords de Seine à Chatou.
   2977 Mariaud (Basses-Alpes).

PORTEU (Gontran), né à Rennes (Ille-et-Vilaine). — Ker Madelon, Marseille Saint-Julien.

   2978 Paysage.
   2979 Village des Martégaux, près Marseille.
   2980 Ferme de Provence (Allauch).

POUVREAU-BALDY (Charles de). — 3, rue Berthelot, Alger.

2981 Les Éléments :
a) Le roy des eaux; b) Le roy du feu; c) Le roy des airs ; d) Le roy de la terre (terres cuites rehaussées).

***2982** Buste de Sud-américain (terre cuite patinée), appartient à M. D..

POUYSSÉGUR (Tibère), né à Azul (République Argentine). — 18, impasse du Maine, 15e.

2983 Paysage en Bourgogne.
2984 Paysage en Bourgogne.
2985 Paysage en Bourgogne.

POZZO (Albert-Anatole-Charles), né à Paris. — 17, rue Delambre, 14e.

2986 Afternoon au Télemly.

PRÉVAL (André), né à Paris. — 6, rue Aumont-Thiéville, 17e.

2987 Les rochers rouges du Trayas.
2988 Vache à la mare.
2989 Fin de journée.

PRÉVILLE (Mlle Andrée), née à Paris. — 5, rue José-Maria-de-Hérédia, 7e.

2990 Courtisanes mauresques dans leur intérieur.
2991 Danseuses mauresques.
2992 Fleurs dans un vase de Chine bleu.

PRICHODKOW (Barbe), né à Charkow (Russie). — Russe. — 20, rue Ernest-Cresson, 14e.

2993 Tapis de laine.
2994 Toile d'Ukraine.
***2995** Toiles imprimées.

PRODHON (Émile-Auguste), né à Paris. — 25, r. des Vinaigriers, 10e.

2996 Matin : St-Maurice-le-Vieil (Yonne).
2997 Les peupliers (Mary-sur-Marne).
2998 Soleil couchant (Mary-sur-Marne).

PROST (Gaston), né à Paris. — 62, rue de Rennes, 6e.

2999 Notre-Dame de Paris.
3000 L'Abside de Notre-Dame : coucher de soleil.
3001 Après-midi à Villeneuve-l'Etang.

PROTOPAZZI (Antoine), né à Constantinople. — Ottoman. — 8, rue Fromentin, 9e.

***3002** Portrait de M. Ambatielo.
3003 Portrait de l'artiste.
3004 Portrait de Mlle M. P...

PUGET (Louis du), né à Cracovie. — Polonais. — 7, r. de Bagneux, 6e.

3005 Paysanneries polonaises (stucolithe polichromé).

PUIG (Jacques), né à Perpignan. — 11, rue Cambronne, 15e.

3006 Bois de Saint-Cloud.
3007 Bois de Saint-Cloud.
3008 Bois de Clamart.

PUVREZ (Henri), né à Bruxelles. — Belge. — 30, avenue des Châlets, Boitsfort-lez-Bruxelles. (*Voir la Section belge*).

3009 1880.
3010 Nu.
3011 Madone (granit).

PUY (Jean), né à Roanne (Loire). — 128 *bis*, boul. de Clichy, 18e.

3012 Une allée en forêt.
3013 Vue d'un port.

QUAGHEBEUR (Mlle Marie-Aimée), née à Roubaix. — Rue du Maréchal-Joffre, Malo-les-Bains (Nord).

3014 Chinoiseries.
3015 Parfums.

QUELVÉE (François-Albert), né à Evreux. — 9, rue Falguière, 15e.

3016 Portrait de Mlle Marcelle Gérar-Temporal.

QUENNEVILLE (Chantal), né à Criquebeuf-sur-Seine (Eure). — 16, rue Bertin-Poirée, 1er.

3017 Les trois Mousquetaires.
3018 Portrait de l'artiste.
3019 Nature morte.

QUESNEL (Robert-Cam), né à Paris. — 278, boulevard Raspail, 14e.

3020 Les raisins.
3021 Etude.
3022 Le pin parasol (Provence).

QUEYLAR (Jean-Marie-Joseph-Lazare de), né à Marseille. — 2, rue César-Franck, à Marseille.

3023 Héraut du Palais de Longchamp (Marseille).
3024 Environ de Vauvenargues (Bouches-du-Rhône).
✱3025 Baie de Cavalaire (Var).

QUINTON (Edmond), né à Saint-Maur (Seine). — 5 *bis*, avenue Charles-Floquet, Le Parc-Saint-Maur.

3026 Chantier de construction.
3027 Berge de la Seine : quai de la Gare.
3028 Effet de neige à Bonneuil.

QUIZET (Léon-Alphonse), né à Paris. — 20, Villa Félix-Faure, 19ᵉ.

3029 Paysage.
3030 Paysage.
3031 Paysage.

RABEL (Gaston), né à Lagny (S.-et-M.). — 6, rue J.-J.-Rousseau, 1ᵉʳ.

3032 Vieux marché à Nice.
3033 La Senne à Bruxelles.
3034 Effet de matin, Pont-Neuf.

RABOIN (Daniel), né à La Tronche (Isère). — 11 *bis*, rue d'Auteuil, 16ᵉ.

3035 Chinon et son château vus des bords de la Vienne.
3036 Pont sur la Vienne, à Chinon.
3037 Saint-Nazaire et la Dent de Crolles (Isère).

RAGONNEAUX (Frédéric), né à Bordeaux. — 14, cité Falguière, 15ᵉ.

3038 L'arbre mutilé.
3039 Le quai Malaquais.
3040 La Moselle.

RAINGO-PELOUSE (Germain), né à Paris. — 22, rue d'Assas, 6ᵉ.

3041 Giverny.
3042 Paysage.
3043 Paysage.

RALLI (Alexandre), né à Paris. — 177, boul. Malesherbes, 17ᵉ.

3044 Torse.

RAMEAU (Maurice), né à Paris. — 20, av. du Bois-de-Boulogne, à Clamart (Seine).

3045 Veillée, nature morte (pastel).
3046 Saint-Ouen-en-Touraine (pastel).
3047 Dessert d'été, nature morte (pastel).

RAMEY (Henry), né à La Fère. — 6, rue Desaix, 15e.

3048 Nu couché.
3049 Le garçon à la chemise bleue.
3050 Nature morte.

RAMNICCANO (Marie), née à Barlad (Roumanie). — Roumaine. — 5, impasse Royer-Collard, 5e.

3051 Portrait.
3052 Etude.
3053 Nature morte.

RAMOND (Paul), né à Toulouse. — 3, place Intérieure-St-Michel, à Toulouse (Haute-Garonne).

3054 Pommiers en fleurs (Pyrénées-Orientales).
3055 Châtaigniers dans l'Hérault.
3056 Etude de prairie (Hérault).

RAVACLEY (Agnès-Marie), née à Paris. — 9, rue Pergolèse, 16e.

3057 A la campagne.
3058 Souvenir d'Alger.
3059 A la Cour de Napoléon III.

RAVERAT (Jacques), né au Havre (Seine-Inf re). — Villa Adèle, à Vence (Alpes-Maritimes).

3060 Collines.
3061 Ruines.
3062 Ville.

RAY (Man), né à Philadelphia, Penn. (U. S. A.). — Américain. — 15, rue Delambre, 14e.

3063 Le Fond (1913).
3064 Boardwalk (1917).
3065 Catherine Barometer (1921).

RAYMOND, né à Troyes (Aube). — 12, rue des Prêtres-St-Séverin, 5e.

3066 La chute de la maison Usher.
3067 Le château Saint-Ulrich (Alsace).
3068 L'église de Juvisy-sur-Orge.

RAYMOND (Charles), né à Paris. — 4, rue Jean-Leclaire, 17e.

3069 Type de femme noire.
3070 Tête expressive.
3071 Tête (étude de gris).

REBEL (Félix), né à Paris, 37, rue de Rome, 8e.

3072 Falaises normandes.
3073 Entrée du port de Fécamp.

REICHE (Louise), née à Paris. — 12, rue de Naples, 8e.

3075 Cadres pour estampes orientales et modernes.
3076 Boîtes décorées.
3077 Guéridon décoré.

REGNIAULT (Mme Marguerite Henri), née à L'Ile-Bouchard (I.-et-L.)
— 10, avenue de l'Opéra, 1er.

3078 Canal à Venise (aquarelle).
3079 Environs d'Annecy (aquarelle).

REGNIER (André), né à Paris. — 3, rue d'Avron, 20e.

3080 Les meules.
3081 Les saules.
3082 Etude.

REIMANNS (Richard), né à Maestricht (Hollande). — Hollandais. —
65, boulevard Arago, 13e.

3083 Au pied de la vigne.
3084 Les pampres.
3085 Dans la treille.

RENDON (Manuel-Antonio), né à Paris. — Equatorien. — 117, rue
N.-D.-des-Champs, 6e.

3086 Portrait.
3087 La maison défoncée.
3088 Paysage.

RENDU (Marcel), né à Paris. — Le Hublot, boul. de Garavan, à
Menton (Alpes-Maritimes).

3089 Jeune fille.
3090 Fillette en rose.

RENE-JUSTE, né à Paris. — St-Pierre-les-Nemours (S.-et-M.).

3091 Paysage.
3092 Paysage.
3093 Paysage.

RENEFER, né à Bethény (Marne). — 38, rue de Moscou, 8e.

3094 La Seine, pont Saint-Louis.
3095 Canal Saint-Martin.
3096 La Seine à Auteuil.

RENNESSON (André), né à Sedan (Ardennes). — 16, rue Furtado-Heine, 14e.

3097 Paysage d'hiver.
3098 Le tapis rouge.
3099 Soir sur l'océan.

RENO-HASSENBERG (Irène), née à Varsovie. — Polonaise. — 220, boul. Raspail, 14e.

3100 Silène dans la cave, enseigne pour marchand de vin.
3101 Au bon accueil, enseigne pour traiteur.
3102 Sur le balcon.

RESPAUD (Baptiste), né au Mas-d'Azil (Ariège). — 31, av. de la Motte-Picquet, 7e.

3103 Nature morte (dahlia).
3104 Nature morte (muguet).
3105 Nature morte (chrysanthème).

RÉTIF (Maurice), né à Sancoins (Cher). — 11, imp. Ronsin, 15e.

3106 Baigneuses.
3107 Pauline à l'atelier.
3108 Pauline à la campagne.

REYMOND (Carlos), né à Paris. — 7, rue Daru, 8e.

3109 Nature morte.
3110 Place de l'Ormeau.
3111 Provence.

REYMOND-DE-BROUTELLES (Maurice), né à Genève. — Suisse. — 26, rue Vavin, 6e.

3112 La haie de roses.
3113 Branche de pommier.
3114 Neige en avril.

REYNAUD-WAGMEESTER (Pauline-Sylvie), née à Paris. — 68, rue du Château, Boulogne-sur-Seine.

3114 a Départ pour le marché.
bis **3114** b Mal placée.
3114 c En route.

RICHARD (Jules-Gédéon), né à Paris. — 64, rue Rambuteau, 3°.

    3115 La route, effet de neige.
    3116 Les ponts de Fourvoirie (Massif de la Grande-Chartreuse).
    3117 Mare, environs de Brétigny.

RIEMAECKER (Charles-Henri de), né à Schaerbeek, Bruxelles. — Belge. — 67, Grande-Rue, Sèvres (S.-et-O.).

bis { **3117** a La rue Troyon à Sèvres.
        3117 b Intérieur.
        3117 c Intérieur.

RIEUF (Elise), née à Massiac (Cantal). — 44, av. La Bourdonnais, 7°.

    3118 Etude.
  ***3119** Portrait.

RIGAUD (Pierre-Gaston), né à Bordeaux. — 173, boul. Péreire, 17°.

    3120 La maison basse, soleil du soir.
    3121 Le pont de bois, matin blond.
    3122 Soleil de 3 heures (Chartres).

RIGNY (Alfred), né à New York. — Américain. — 9, r. Falguière, 15°.

    3123 Peinture.
    3124 Peinture.

RIMBERT (Ilia-René), né à Paris. — 15, rue Pierre-Leroux, 7°.

    3125 Nature morte à la bouteille.
    3126 Nature morte.

RIOUX (Henri-Ernest), né à Bois-Colombes (Seine). — 32, rue Gabrielle, 18°.

    3127 Paysage.
    3128 Paysage.
    3129 Etude.

RIVIÈRE (Rémond-Pierre), né à Lhoumeau (Charente-Inf^{re}). — 41, rue Guersant, 17°.

  ***3130** Le Moïse (appartient à l'auteur).
    3131 Le Mont Cornera.
  ***3132** L'alpiniste (appartient à Mme R..).

ROBERT (Claude), né à Bruxelles. — Belge. — 62, boul. de Clichy, 18e.

3133 Portrait.
3134 Sacré-Cœur.
3135 Portrait.

ROBERTY (André-Félix), né à Paris. — 59, r. Caulaincourt, 18e.

3136 Route de la Citadelle (Saint-Tropez).
3137 Saint-Tropez.
3138 La treille.

ROCHE (Juliette), née à Paris. — 15, boul. Lannes, 16e.

3139 Portrait.
3140 Portrait.
3141 Portrait.

ROCHE (Marcel), né à Paris. — 4, impasse Girardon, 18e.

3142 Le pont de Limay.
3143 Baigneuses.

ROCHEFOUCAULD (Antoine de la), né à Paris. — 19, rue d'Offémont, 17e.

3143 *a* Peinture.
3143 *b* Peinture.
3143 *c* Peinture.

ROCHEFOUCAULD (Comtesse Antoine de la), née à Paris. — 19, rue d'Offémont, 17e.

ter {
3143 *a* Peinture.
3143 *b* Peinture.
3143 *c* Peinture.

ROCHER (Charles), né aux Rosiers-sur-Loire. — 21, rue Berthe, 18e.

***3144** La Cité, automne (appartient à M. Jep).
***3145** Dinan, le port (appartient à M. Jep).
3146 Les Madec (étude).

RODEZ (Nina), née à Petrograd. — Polonaise. — 4, rue des Villarmains, au Val-d'Or (S.-et-O.).

3147 Mascotte.
3148 Dans l'antichambre.
***3149** Les coquelicots (appartient à M. J. Rodez).

ROIMBIS (Christodoulos), né à Corfou. — Hellène. — 77, rue Boileau, 16e.

3150 Nu.
3151 Portrait.

ROLLIN (Jean-Georges), né à Moulins (Allier). — 30, place du Saint-Esprit, Bayonne (Basses-Pyrénées).

bis { **3151** a Le miroir des arbres.
3151 b Soir triste.

ROMAN (Jean), né à Ekaterinoslaff. — Russe. — 229, boulevard Raspail, 14e.

3152 Samoëns (Haute-Savoie).
3153 Halaine, près de Couterne.
3154 Le Tanneverge (Haute-Savoie).

ROSOY (Jane), née à Nancy. — 4, rue Belloni, 15e.

3155 Le peintre.
3156 Les roses.
3157 Graines rouges.

ROSSI (Joseph), né à Plaisance). — Italien. — 26, r. du Départ, 14e.

***3158** Ma mère (appartient à l'auteur).
3159 Portrait.
3160 Les coings.

ROSTAN (Jean-Joseph-Marie-Charles), né à Antibes (Alpes-Maritimes. — 67 bis, avenue Mozart, Paris-16e.

3161 Une figure (portrait).
***3162** Côte de Mostaganem (Algérie), appart. à l'auteur.
***3163** Côte de Mostaganem (Algérie), appart. à l'auteur.

ROUART (Ernest-Henri), né à Paris. — 40, rue de Villejust, 16e.

3164 Vénus éléphantine.

ROUBAUD (Jean-Baptiste), né à Marseille. — 7, rue de l'Arrivée, à Enghien (Seine-et-Oise).

3165 Rayons du soir (Marseille).
3166 Effet de « mistral » (Marseille).
3167 La « Calanque » (Marseille).

ROUBAUD (Noële), née à Marseille. — 43, rue Nollet, 17e.

3168 Caïn, qu'as-tu fait de ton frère?

ROUBILLOTTE, né à Paris. — 8, rue André-del-Sarte, 18°

***3169** Chat (appartient à l'auteur).
***3170** Chat (appartient à l'auteur).
***3171** Chat (appartient à l'auteur).

ROUQUAYROL (Georges), à Villefranche (Rhône). — 36 *ter*, rue de la Tour-d'Auvergne, 9°.

3172 Figure.
3173 Figure.
3174 Figure.

ROURE (Auguste-Louis), né à Avignon (Vaucluse). — 3, rue du Petit-Paradis, à Avignon (Vaucluse).

3175 Paysages en Languedoc, rochers.
3176 Vieille carrière.
3177 Chênes verts, vieille carrière.

ROUSSEAU (Mᵐᵉ Rij), née à Candé. — 86, rue Notre-Dame-des-Champs, 6°.

3178 Les cerfs.
3179 Paysage.
3180 Paysage.

ROUSSELET (Etienne), né à Paris. — 275, promenade des Anglais, à Nice.

3181 Enigmatique sourire.
3182 Le parfum.
3183 Jeune fille aux blés.

ROUVEAU (Antoinette), née à Paris. — 90, avenue du Maine, 14°.

3184 Chalets dans la montagne (Dauphiné).
3185 Nature morte (soucis).
3186 Nature morte (pommes).

ROUX (Auguste), né à Marseille. — 66, rue Lamarck, 18°.

***3187** Nature morte (poisson).
***3188** Mare Flanchard (paysage).
***3189** Gorges du Charabotte (paysage).

RUSPOLI (Vittoria). — 2, avenue Elysée-Reclus, 16°.

3190 Fleurs.
3191 Marabout.

RZEWUSKA (Hedwige), née à Odessa. — Polonaise. — 20, rue Chalgrin, 16e.

3192 Portrait de la comtesse R...
3193 Portrait de Mlle R.... (aquarelle).
3194 Portrait (dessin au fusain).

SABBAGH (G.-H.), né à Alexandrie. — Egyptien. — 10, rue Philibert-Delorme, Paris-17e.

3195 Nu à la fourrure.

SACHAROFF (Olga), née à Tiflis (Caucase). — Russe. — 55, r. du Montparnasse, Paris-14e.

3196 Une noce.

SAINT-CYR (Jeannine de), née à Paris. — 3, rue du Vieux-Colombier, 6e.

3197 Femme au ruban rouge (peinture à tempera).
3198 Gravure sur bois.
3199 Gravure sur bois.

SAINT-DELIS (René de), né à Saint-Omer. — 8, rue Emile-Zola, Le Havre.

3200 Préparatifs de pêche.
3201 Pêcheurs au filet.
3202 Paysage boulonnais.

SAINT-PAUL (Jean), né à Paris. — 24, avenue Trudaine, 9e.

3203 L'église en Bretagne.
3204 Peinture.
3205 La route.

SAINT-PAUL (Edouard), né à Paris. — 3, rue Campagne-Première, 14e.

3206 Tête de Junon (bronze).
3207 Crapaud (bois).

SAINTURIER (Louis), né au Teil (Ardèche). — 198, rue Saint-Jacques, 5e.

3208 Nature morte.
3209 Paysage.

SAINTURIER-BRUNEL (Juliette), née à Saint-Gilles-du-Gard. — 198, rue Saint-Jacques, 5e.

3210 Portrait.
3210 *bis* Portrait.

SALVAN (Paul-Louis), né à Paris. — 16, rue Duvivier, 7e.

3211 Étude de vagues à l'océan.
3212 La Seine au quai du Louvre (étude).
3213 Matinée d'août au Carrousel (étude).

SAMLICKI (Martin-François), né en Pologne. — Polonais. — 3, rue de l'Ouest, à Sèvres.

3214 Déjeuner.
3215 Une vue de Sèvres.
3216 Un paysage.

SARDIN (Albert-Edmond), né à Arcis-sur-Aube. — 9, rue Falguière, 15e.

3217 Paysage.
3218 Un coin de La Salpêtrière.
3219 Portrait.

SARFATI (Albert), né à Sétif (Algérie). — 11, rue Faustin-Hélie, 16e.

3220 A contre-jour.
3221 Travestis.

SASSY (Stany), né à Saint-Denis (Ile de la Réunion). — 63, rue de Seine, 6e.

3222 Nature morte, le goûter.
3223 Rochers de Bonhomme, à Carqueiraune (Var).
3224 Le grand pin.

SAUMIER (Edmond), né à Brignoles. — 1, rue Commandant-André, à Cannes.

3225 Soleillade (étude).
3226 Soleillade (étude).
3227 Soleillade (étude).

SAURET (Frédéric-Alexandre-Honoré), né à Marseille. — 7, rue Papassaudi, à Aix (Bouches-du-Rhône).

3228 Paysage.
3229 Nature morte (cerises).

SAUTIN (René), né à Montfort-sur-Risle. — Rue Meurdrac, Les Andelys (Eure).

3230 Le Château-Gaillard.
3231 La Seine aux Andelys.
3232 La Risle à la Rosaie.

SAUVARD (Henri), né à Fontainebleau. — 9, rue de Belleville, 19e.

3233 Dans l'oasis.
3234 Maisons arabes.
3235 Caravane dans le désert.

SAUVAYRE (Maurice), né à Paris. — Saint-Cyr-sur-Morin (Seine-et-Marne).

3236 Un chasseur du pays.
3237 L'Hermitière, village de l'Ile-de-France.
3238 Les Armenâts, village de l'Ile-de-France.

SAVREUX (Maurice), né à Lille (Nord). — 82, rue Brancas, à Sèvres (Seine-et-Oise).

3239 Nature morte.
3240 Femme brodant.
3241 Le bouquet.

SCHALLER-MOUILLOT (Charlotte), née à Berne. — Villa Suzanne, à Saint-Tropez (Var).

3242 Paysage.
3243 Paysage.
3244 Nature morte.

SCHEFER (Emile-André), né à Paris. — 3, rue du Canivet, 6e.

3245 Les éléphants (tempéra).
3246 L'oiseau (tempéra).
3247 L'écureuil (tempéra).

SCHERRER (Cécile), née à Clermont-Ferrand (Puy-de-Dôme). — 4, rue Camille-Tahan, 18e.

3248 Paysage (S.-et-O.).
3249 Tête de femme.
3250 Nature morte.

SCHIRREN (Ferdinand), né à Anvers. — Belge. — Avenue de Roodebeek. — (*Voir à la Section Belge.*)

3251 Femme en bleu au guéridon.
3252 Phryné (sculpture).
3253 Intérieur (dessin).

SCHUGT (Raymond), né à Paris. — 13, rue Biscornet, 12e.

***3254** Buste homme, portrait (plâtre), appart. à Mme X.
3255 Une vitrine comprenant 5 sujets bronze:
    La plongeuse, sur socle marbre;
    Victoire ailée (métal);
    Enfant aux raisins (bronze).
    Bouddha (bronze).
    Femme nue (plâtre).

SCHUH (Joseph), né à Losheim. — 41, rue Taitbout, 9°.

3256 Vieux village de Vittel.
3257 Marée basse, Boulogne-sur-Mer.
3258 Source des Demoiselles, Vittel.

SCHURMANN (Max-Raymond), né à Vorosmajor. — Tchéco-Slovaque. — 20, rue Servandoni, 6°.

bis {
3258 *a* Homme nu.
3258 *b* Portraits des enfants K.
3258 *c* Portrait de Mme K...

SCHUTZ (Émile), né à Paris. — 24, rue du Marché, à Levallois-Perret.

3259 L'automne au parc de Saint-Cloud.
3260 Allée de Ville-d'Avray.
3261 Le lac du Bois-de-Boulogne.

SCHWARTZ (Walter), né à Copenhague. — Danois. — Hôtel des
Voyageurs, à Concarneau (Finistère).

3262 Bretagne.
3263 Bretagne.
3264 Bretagne.

SCHWARTZ (Marek), né à Zgierz. — Polonais. — 14, cité Falguière, 15°.

***3265** Portrait de Mme R. S... appartient à Mme R. S...)
3266 Peinture.
3267 Peinture.

SCHWETTE (Aleix), né à Riga. — Russe. — 27 *bis*, avenue du Parc-
Montsouris, 14°.

3268 Bois de Meudon.
3269 Nature morte.
3270 Au bord du Drojot.

SCOUPREMAN (Pierre), né à Bruxelles. — Belge. — 9, rue Langeveld, à Uccle. — (*Voir à la Section Belge.*)

3271 La pêcherie d'Uccle.
3272 Paysage, effet matinal.
3273 Les Vallons, temps gris.

SCOTT-DABO (Théodore), né à Détroit (États-Unis). — Américain.
— 23, rue Leriche, 15°.

3274 Débarcadère.
3275 Marine.

SCUDDER (Janet), né à Terre Haute, Indiana. — Américain. — 18, impasse du Maine, 14e.

3276 Nature morte.
3277 Nature morte.
3278 Nature morte.

SEEBERGER (Jules-Jean), né à Vienne (Isère). — 13, r. Fénelon, 10e.

3279 Chez Alice Bernard, un mannequin.
3280 La femme aux narcisses.

SEEVAGEN (Lucien), né à Chaumont (Haute-Marne). — 8, rue de la Grande-Chaumière, 6e.

3281 La chasse.
3282 Paysage, Bréhat.
3283 Peinture.

SEGUIN (Arsène), membre fondateur, né à Saint-Malo. — 10, rue Auguste-Buisson, à La Garenne-Colombes.

3284 Moulins en Hollande.
3285 Petit pont, Saint-Cloud.
3286 Pont National, Saint-Malo.

SEGUIN-BERTAULT (Paul), né à Château-Renault. — 68, rue d'Assas, 6e.

3287 Portrait de Mme P...
3288 Nu.
3289 Danseuse.

SELINS (Jacques), né à Paris. — 87, boulevard Malesherbes, 8e.

3290 Panneau décoratif.
3291 Panneau décoratif.
3292 Paravent.

SELMERSHEIM-DESGRANGE (Jeanne), née à Paris. — 14, rue de l'Abbaye, 6e.

3293 Dahlias et pétunias.
3294 Glaïeuls et inias.
3295 Cruches et fruits.

SENABRE (Ramon), né à Barcelone. — Espagnol. — 7, r. Belloni, 15e.

3296 Fleurs, fruits.
3297 Fleurs, fruits.
3298 La poupée.

SENCHET (Victor-Charles), né à Toulon. — 173, rue Ordener, 18°.

3299 Toulon, quartier de l'Abattoir.
3300 Toulon, route du Cap-Brun.
3301 Paysage en Provence.

SERMAISE-PÉRILLARD (Louise), née à Paris. — 7, rue de Lancry, 10°.

3302 Nature morte.
3303 Nature morte.
3304 Nature morte.

SERRE (Eugène), né à Thonon-les-Bains. — 11, rue Grange-aux-Belles, 10°.

3305 Le Biot (Haute-Savoie), aquarelle.
3306 Route de Marles.
3307 Vue de Le Biot (Haute-Savoie), aquarelle.

SERREPUY (Jean), né à Pierrelatte (Drôme). — 9, av. Faidherbe, à Asnières (Seine).

3308 Clair de lune.
3309 Paysage.
3310 Lever de lune.

SESBAIÉ (Suzanne-Josèphe), née à Mortain (Manche). — 83, boulevard de Clichy, 9°.

3311 Portrait.
3312 Souvenir de Roumanie.
3313 Souvenir du Danube.

SÉVEAU (Georges), né à Poitiers (Vienne). — 91, rue de l'Amiral-Mouchez, 13°.

3314 Saint-Germain-des-Prés (cadre en bois sculpté).
3315 Quai des Orfèvres (cadre en bois sculpté).

SÉVILLE (Mlle Christiane), née à Paris. — 9, rue Claude Pouillet, 17°.

3316 Portrait de la danseuse Redgis.
***3317** Promenade de deux amants (aquarelle), appartient à M. Marville).
3318 Etude de tête (pastel).

SHORE (Bethea-E.), né à Cuttak (Indes Anglaises). — Chez M. Lefebvre-Toinet, 2, rue Bréa, 6°.

3319 Menton, le Port.
3320 Diano Castel.
3321 Le vieux jardin.

SIEBENMANN (Selma), né à Klosters. — Suisse. — 9, rue de la Grande-Chaumière, 6e.

3322 Paysage.
3323 Paysage.
3324 Nu.

SIGNAC (Paul), membre fondateur, né à Paris. — 14, rue La Fontaine, 16e.

3325 Port de La Rochelle.
3326 Le Petit-Andely (Amont).

SIGRIST (Edmond), né à Paris. — 25, rue Dareau, 14e.

3327 Paysage (Limousin).
3328 Portrait.
3329 Paysage (Limousin).

SILVA BRUHNS (Ivan), né à Paris. — Brésilien. — 3, avenue du Château, à Neuilly.

3330 Les oliviers.
3331 Saint-Paul.
3332 Antibes.

SILZ (Edith), née à Nantes (Loire-Inférieure). — 15, rue Gœthe, 10e.

3333 Œillets.
3334 Paysage parisien.
3335 Paysage parisien.

SIMON (Jacques-Roger), né à Paris. — 4, rue Cœtlogon, 6e.

3336 Le bon Samaritain.
3337 Vache couchée.
3338 Vache debout.

SIMON (Jeanne), née à Paris. — 52, rue des Volontaires, 15e.

3339 Type gitane (pastel).
3340 Soleil d'été (Bagatelle).
3341 Sous bois.

SIMONNET (Georges-Gaston), né à Pleurs (Marne). — 172, rue Cardinet, 17e.

3342 Fontaine-de-Boine (Saintonge).
3343 Cour de ferme (Saintonge).
3344 Chemin des Prairies (Saintonge).

SIVADE (André), né à Nice. — 93, rue de Maubeuge, 10e.

3345 Allée de noyers (Les Eyzies).
3346 Gorges d'Enfer (Dordogne).
3347 Saint-Clair.

SJŒSTEDT (Yvonne), née à Neuilly-sur-Seine. — 159, avenue de Malakoff, 16e.

3348 Etude de nu.
3349 Etude de nu.
3350 Etude de nu.

SKRYPITZINE (Oleg), né à Marseille. — 18, imp. du Maine, 15e.

3351 Cooney Island.
3352 Projet d'un décor de théâtre pour un salon.

SMETANA (Léopold), né à Tonnerre (Yonne). — 4, rue Lavoisier, à Sainte-Savine, près Troyes (Aube).

3353 Port de Boulogne.
3354 Paysage.
3355 Nature morte.

SMITH (Francis), né à Lisbonne. — Portugais. — 44, rue des Martyrs, 9e.

3356 Lisbonne.
3357 Les toits rouges (gouache).
3358 Maisons neuves (gouache).

CLASSEN-SMITH (Margarita), née à Pétrograd. — Russe. — 15, rue Boissonade, 14e.

3359 Etude.
3360 Dessin.
3361 Dessin.

SMITS (Marcel), né à Molenbeck Saint-Jean. — Belge. — 20, rue de l'Intendant, Molenbeck Bruxelles. — (*Voir à la Section Belge.*) —

3362 Le chat noir.
3363 Cérès.
***3364** Composition (appartient à M. René Dieu, de Bruxelles.

SOHEK (Louis), né à Paris. — 14, rue Saint-Lazare, 9e.

3365 La fleur bleue.
3366 Hindoustan.
3367 Portrait de mon ami Bib.

SOLA (Léon), né à Manrésa, près Barcelone. — Espagnol. — 33, boulevard Edgar-Quinet, 14e.

3368 Femme aux fruits.
3369 Nu.
3370 Nature morte.

SONDEREGGER (Jacques-Ernest), né à Thusis (Suisse). — Suisse. — 6, avenue Lucie, à Sèvres (Seine-et-Oise).

3371 Dessins d'après Mme Bovary de Flaubert (plume).
3372 Dessins d'après les contes d'Edgar Poe (plume).
3373 Illustration (lithographie).

SONNEVILLE (Georges Préveraud de), né à Nouméa (Nouvelle-Calédonie). — 23, rue du Couvent, à Bordeaux.

3374 Bordeaux, porte des Antilles.
3375 La sieste.
3376 Baigneuses et satyre.

SOR (Paul), né à Lille. — 42, avenue de Paris, à Vincennes.

***3377** Portrait, marchand de vin (appartient à l'auteur).
3378 Vue sur le canal, Moret-sur-Loing (S.-et-M.).

SOUGEZ (Mme Madeleine-Emmanuel), née à Bordeaux. — « Atelier Primavera », 64, rue Caumartin, 9e.

3379 Céramiques (éditées par les Magasins du Printemps).

SOULL'ARD (Louis), né à Saint-Lô (Manche). — 16, rue Brave-Rondeau, à La Rochelle (Charente-Inférieure).

3380 Rade de La Rochelle, coucher de soleil.
3381 Les Tours du Port, La Rochelle).
3382 Rolleboise-sur-Seine, les Coteaux.

STABI (Edmond), né à Varsovie. — Polonais. — 18, r. de Chabrol, 10e.

3383 Nu (pastel).
3384 Nu (pastel).
3385 Nu (pastel).

STANOIEVITCH (Veljoo), né à Belgrade (Serbie). — Serbe. — 10, rue des Carmes, 5e.

3386 Nu.
3387 Sous bois, Nice.
3388 Portrait d'enfant.

STERN (Alice), née à Paris. — 14, rue de la Cure, 16e.

3389 Les piments.
3390 Géraniums.
3391 Quarantaines.

STIVAL (Alphonse-Jean), né à Paris. — 16 *bis*, boulevard Saint-Jacques, 14e.

3392 Pins.
3393 Ramade.
3394 Fruits.

STOYANOVITCH (Sretain), né à Priedor (Bosnie). — Yougoslave. — 4, rue de la Grande-Chaumière, 6e.

3395 Figure en plâtre.
3396 Tête d'homme (bronze).
3397 Tête de femme (pierre).

STEINHAUER (Émile), né à Athènes. — Grec. — 24, rue Steffen, à Asnières (Seine).

3398 Coin d'intérieur oriental.
3399 Temple de Jupiter, Athènes (aquarelle).
3400 Temple de Jupiter, Acrocorinthe (aquarelle).

STILLER (Victor), né à Mandalay (Birmanie). — Anglais. — 78, rue Lafayette, 9e.

3401 Naples, marché à la Porta Capuana.
3402 Marine.
3403 Dans les Lagunes du Comachio.

STIYOVITCH (Risto), né à Podgoritza. — Serbe. — 11, cité Falguière, 15e.

3404 L'esclave (plâtre).
3405 La femme (plâtre).
3406 Eve (bois).

STROBBE (Georges), né à Marcq-en-Barœul (Nord). — 9, rue Moïse, à Ivry-Port (Seine).

3407 Un nu, le bain de pieds.
3408 Meymac, village de la Corrèze.

SUE (Gabriel), né à Marseille. — Servanches, par Sainte-Aulaye (Dordogne).

3409 Dindons sauvages.
3410 En pays de « double ».
3411 Paysage.

SUIRE (Louis), né à La Rochelle. — 1, rue des Fonderies, à La Rochelle.

3412 Le port de La Rochelle.
3413 Intérieur de salon, à Lousigny (Vendée).
3414 Jeune fille lisant.

SURÉDA (André), né à Versailles. — 117, rue Notre-Dame-des-Champs, 6e.

3415 La tombe de l'enfant.
3416 Jeune fille de Bou Saâda (Algérie).

SURVAGE (Léopold), né à Wilmanstrand. — Finlandais. — 20, rue Ernest-Cresson, 14e.

***3417** Portrait de Mme Marcelle Meyer.
3418 Panneau.
3419 Panneau.

SVERDRUP (Otto-Neumann), né à Christiania. — Norvégien. — 7, cité Falguière, 15e.

3420 Paysage.
3421 Composition.
3422 Paysage.

SWANZY (Mary), née à Dublin. — Irlandaise. — Saint-Brendans, Codlock, co Dublin (Irlande).

3423 L'arbre.
3424 Marée basse.
3425 La récolte.

SYLVIA, née à Paris. — 42, avenue Wagram, 8e.

***3426** Portrait de Mlle Y. N. S. (appartient à Mme X.)
3427 Le buveur.
3428 Étude paysage.

SYROVY (Joseph), né à Prerov-sur-l'Elbe. — Tchéco-Slovaque. — 37, rue Lamarck, 18e.

3429 Portrait de Madeleine Chaumont.
3430 Portrait de Mme Georgette Herlaut.
3431 Portrait de Marcel Cachin, député.

TABOURET (Eugène), né à Paris. — 33 bis, rue Lamarck, 18e.

bis { **3431** a Scène guerrière(laque noire).
3431 b Riche Chinoise (panneau laque rouge).
3431 c Danseuses (laque moderne).

TAQUOY (Maurice), né à Mareuil-sur-Ay (Marne). — 9, rue Paul-Louis-Courier, 7e.

3432 Les aigles.
3433 Jockeys.
3434 Aux courses.

TASSENCOURT (Maurice), né à Amiens (Somme). — 9, villa Brune, 14°.

3435 La flûte pastorale.
3436 L'orme.

TASSENCOURT-EDWARDS (Béatrice), née à Kansas-City (Etats-Unis). — Française. — 9, villa Brune, 14°.

3437 Danse des nymphes.
3438 La fenêtre.

TASTEMAIN (P.-Maurice-E.). — né à Caen. — 137, r. de Sèvres, 6°.

3439 Nature morte.
3440 Paysage.
3441 Paysage.

TASTEMAIN (Mme Yvonne), née à Paris. — 137, rue de Sèvres, 6°.

3442 Nature morte.
3443 Paysage.

TAVEAU (Lucien-Paul), né à Paris. — 106, faub. du Temple, 11°.

3444 Paysage.
3445 Le Port-Gauthier (Sarthe).
3446 Paysage.

TAVERNIER (Hippolyte), né à Lyon. — 100, rue d'Assas, 6°.

3447 La mandoline (nature morte).
3448 Printemps à Cagnes.

TAVERNIER (Julien-Louis), né à Paris. — 22, rue Bonaparte, 6°.

3449 La chemise enlevée.
3450 Femme endormie.
3451 Nu.

TCHERNIAWSKY (Charles), né à Bobroisk (Russie). — Russe. — 7, quai Bourbon, 4°.

3452 Port de Dinard.
3453 Joueurs d'échecs.
3454 Dans le jardin.

TERENCE-MARTIN (Henri), né à Verdun (Meuse). — 76, rue Claude-Bernard, 5°.

***3455** La robe rouge (portrait), appartient à Mme F...).
3456 Des filets bleus (marine).
3457 La voile jaune (marine).

TESSON (Louis), né à Paris. — 36, avenue de Châtillon, 14e.

3458 Fontaine de Carpeaux.
3459 La Seine du Pont-Royal.
3460 Soir.

TEXCIER (Jean), né à Rouen. — 4, rue Leneveux, 14e.

***3461** Portrait du peintre Veillet (appart. à M. Veillet).
3462 La Seine à Rolleboise.

THAON D'ARNOLDI (Marie), née à Nice. — Lauzenettes, Allinges-Mesinges (Haute-Saône).

3463 Sonia.
3464 Portrait de la comtesse de L...
3465 Nature morte.

THÉOPHYLACTOS (Mlle Julia), née à Trébizonde. — Française. — 9, rue Campagne-Première, 14e.

3466 La toilette.
***3467** Portrait de Mlle Gray (appartient à Mlle Gray).
3468 Jeune espagnole.

THÉNARD (Georges-Eugène), né à Paris. — 10, rue de la Butte-aux-Cailles, 13e.

3469 Nu.
3470 La sablière de Châtillon.
3471 Paysage à Frépillon.

THEVENET (Jacques), né à Montquin (Nièvre). — 4, rue Belloni, 15e.

3472 Mon portrait.
3473 Paysage (aquarelle).
3474 Paysage (dessin).

THEVENET (Pierre), né à Bruges. — Belge. — 12, rue Séguier, 6e.

3475 L'éclaircie.
3476 Maisons vides.
3477 La fenêtre.

THIOLLIÈRE (Raymond), né à Roanne (Loire). — 20, r. Mazarine, 6e.

3478 Nu sous bois.
3479 La rivière du Trieux.
3480 Bois gravés (un cadre).

THIVET (Yvonne), née à Paris. — 1, place des Vosges, 4e.

3481 Une place à Tunis.
3482 Le Trayas.
3483 Les remparts (Antibes).

THOMAS (Jean-François), né à Guéméné-Penfao. — 28, r. Pigalle, 9e.

3484 Groupe.
3485 Etude.
3486 Etude.

THOMSEN (René-Charles), né à Paris. — 2, passage de Dantzig, 15e.

3487 Nu.
3488 Portrait d'homme.
3489 Paysage (Auvergne).

THORNDIKE (Charles), né à Paris. — Américain. — 26, r. Friant, 14e.

3490 Paysage.
3491 Paysage.

THOREL (Pierre), né à Bordeaux. — Villa « Le Monastère », à Barbizon (S.-et-M.).

3492 La légende du chasseur noir.
3493 Portrait de chienne en forêt.

THOUNENS-VIENNET (Alice), née à Versailles. — 29, rue des Champsbourgs, à Vernon (Eure).

3494 La Seine à Vernonnet.
3495 Le bras Saint-Jean à Vernon.
3496 La Seine, en été, à Saint-Just.

THUREAU (Norbert), né à Bougie (Algérie). — 27, r. de Clisson, 13e.

***3497** Portrait de Mlle Simone Ch... (appart. à l'auteur)
3498 Paysage, Arcueil-Cachan (ancienne ferme de Mme de Pr...).
3499 Paysage, Arcueil-Cachan, avenue Carnot.

TIDLUND (Adina), né à Westmanland. — Suédois. — 32, rue Monsieur-le-Prince, 6e.

3500 La femme adultère.
3501 Portrait.
3502 Etude.

TIRMAN (Jeanne-Henriette), née à Charleville (Ardennes). — 22, rue de l'Yvette, 16e.

3503 Etude.
3504 Etude.
3505 Etude.

TISSEIRE (Lucien-Jean), né à Paris. — 27, rue Ste-Geneviève, à Vitry-sur-Seine (Seine).

3506 Ruelle près de l'Alcazar, Tolède.
3507 Grève de Kerlouan (Finistère).
3508 Calvaire à Plounéour-Trez (Finistère).

TISSOT-DUPONT (Marcel), né à Paris. — 94, cours de Vincennes.

3509 Clair de lune au cloître, Mont St-Michel.
3510 Fruits (nature morte).

TIZO (Mathilde), née à St-Aignan (L.-et-C.). — 7, rue Parmentier, à Neuilly (Seine).

3511 Dame au tricot.
3512 Portrait.
***3513** Bouquet sous globe (appartient à M. C. de L...).

TOUCHET-MONTLÉO (Léopold-Jacques), né à Ifs, près Caen (Calvados). — St-Pierre-d'Entremont, par Montseiret (Orne).

3514 Paysage à Noiret.
3515 La baie du Mont St-Michel (maquette décorative)
3516 Paysage à la Jordonnière.

TOURRET (Alphonse), né à St-Pourçain-sur-Sioule. — 10, rue de l'Eglise, à Asnières (Seine).

3517 Etude de paysage.
3518 Etude de paysage.
3519 Etude de paysage.

TOZZI (Mario), né à Suna (Lac Majeur). — Italien. — 44, rue de Rennes, 6e.

3520 Baigneuses.
3521 Le père Lenoir.
3522 Méditation.

TRANNOY (Gabriel), né à Arras (Pas-de-Calais). — 25, faub. Montmartre, 9e.

3523 Fleurs (dahlia).
3524 Fleurs (primula).
3525 Fleurs (cyclamen).

TRASSARD (André), né à Paris. — 54, rue de Paris, à Villeneuve-St-Georges (S.-et-O.).

3526 Avant l'orage (pastel).
3527 Concarneau (le passeur).
3528 Après l'orage (pastel).

TRÉBILLON (Pierre-Valentin), né à Villequiers (Cher). — 68, rue Monge, 5e.

3529 Le lac de Longchamps.
3530 Maître Aliboron.
3531 Ruines de St-Rémy (Vosges), guerre de 1914.

TRESCH (Georges-Albert), né à Delle (Terre de Belfort), 18, montée de la Boucle, à Lyon.

3532 La terrasse.
3533 Nature morte.
3534 Nature morte.

TRIBEL (Charles), né à Mulhouse. — 200, route de Versailles, à Billancourt.

3535 La rue de l'Abreuvoir. (Montmartre).
3536 Le Manoir Kervaudu (Le Croisic).
3537 Le moulin de Saillé.

TRIBOUT (Georges-Henri), né à Paris. — 4 bis, rue E.-Verhaeren, à St-Cloud.

3538 Portrait de Mme J. L...
3539 Paysage (Cantal).
3540 Trois têtes.

TRIPELS (Fred), né à Aubervilliers. — 14, rue de Verdun, à Asnières (Seine).

3541 Portrait de Cora Laparcerie.
3542 Clown.
***3543** Moulin de la Galette (appartient à M. Didier).

TROCHAIN (Maurice-Pierre), né à Eu (Seine-Infre). — 15, rue Bernouilli, 8e.

3544 Pont Saint-Michel (neige).
3545 Chaumes, Bréhat (Côtes-du-Nord).
3546 Chapelle Perros-Hamon, Paimpol.

TROLONG (René-Louis), né à Letteguives (Eure). — 126, rue de
Tocqueville, 17e.

    3547 Notre-Dame de Paris (aquarelle).
    3548 Porche de l'Église de Genêts (Manche), aquarelle.
    3549 La Seine au quai des Orfèvres (aquarelle).

TROYER (Prosper-Jean de), né à Destelbergen (Flandres-Or.les). —
Belge. — 83, chaussée de Bruxelles, à Malines. — (Voir à la
Section Belge).

    3550 La gloire du Cardinal.
    3551 Le café.
    3552 La gare de Malines.

TRUC (Alfred), né à Constantine (Algérie). — 20, boulevard Voltaire, 11e.

    3553 Chapeau.
    3554 Décors tissus.
    3555 Portrait.

TUAUX (Louis-Georges), né à Paris. — 23, r. de Vanves, à Clamart
(Seine).

    3556 Le marais, St-Sauveur-sur-Ecole (S.-et-M.),
        étude.
    3557 Eté à Velizy (S.-et-O.), étude.
    3558 Les bords de l'Ecole (S.-et-M.), étude.

TULLAT (Victor), né à Paris. — 36, rue des Frères-Herbert, à
Levallois-Perret (Seine).

    3559 Paravent chinois (faisan argenté de Chine).
    3560 Paravent japonais (4 panneaux sujets décoratifs).

TULLIA, né à Naples. — Italien. — 216, boulevard Raspail, 6e.

    3561 Christ.
    3562 Portrait.
    3563 Nature morte.

TURIN (André), né à Paris. — 12, rue des Pyramides, 1er.

    3564 Saint-Tropez.
    3565 Saint-Tropez.
    3566 Saint-Tropez.

TYTGAT (Edgard), né à Bruxelles. — Belge. — 40, rue du Canada,
à Bruxelles-Midi. — (Voir à la Section Belge).

    3567 La balançoire.
    3568 Chrysanthèmes.
    3569 Matinée d'été.

ULLMAN (Eugène-Paul), né à New York. — Américain. — 24, rue Denfert-Rochereau, 6°.

3570 La lecture.
3571 Nu.
3572 Nu.

URBAIN (Alexandre), né à Sainte-Marie-aux-Mines. — 21, quai de Bourbon, 4°.

3573 Paysage.
3574 Paysage.
3575 Paysage.

UTRILLO (Maurice), né à Paris. — 12, rue Cortot, 18°.

3576 Rue Norvins.
3577 Une rue à Ecouen (S.-et-O.).

UTTER (André), né à Paris. — 12, rue Cortot, 18°.

3578 Paysage.

VAL (Mme Synave Ignace). — 96, avenue des Ternes (villa), 17°.

3579 Les musiciens.
3580 Fleurs.
3581 Etude.

VALADON (Suzanne), née à Limoges. — 12, rue Cortot, 18°

***3582** Portrait de Monsieur Mori.
3583 Nature morte.

VALENSI (Henry), né à Alger. — 8, rue de Maistre, 18°.

3584 Expression de la locomotive.
3585 Expression d'un transatlantique.
3586 Expression de la Casbah d'Alger.

VALETTE (Henri), né à Paris. — 20, rue Taine, 12°.

3587 Moulin de la Galette.
3588 Remorqueurs à Bercy.
3589 Effet de nuit sur la Seine.

VALLAUD (André-Gabriel), né à Paris. — 35, rue de Chaillot, 16°.

3590 Groupe de deux personnages.
3591 Etude.

VALLÉE (Ludovic), né à Paris. — 77, boulevard St-Marcel, 13e.

3592 Fleurs.
3593 Au jardin.
3594 Peinture.

VALMIER (Georges), né à Angoulême (Charente). — 38, r. Ramey, 18e.

*3595 Marine (appartient à M. Léonce Rosenberg).
*3596 Nu (appartient à M. Léonce Rosenberg).
*3597 Nu (appartient à M. Léonce Rosenberg).

VALOT (Georges), né à Paris. — 6, rue de Chantilly, 9e.

3598 Paysage.
3599 Paysage (aquarelle).
3600 Paysage.

VAN DER BILT (Jean-François), né à Amsterdam (Hollande). — 7, rue du Mail, 2e.

3601 Endormie (intérieur hollandais).
3602 Travaux de couture (intérieur hollandais).
3603 L'astiquage.

VAN HASSELT (Willem), né à Rotterdam. — Hollandais. — 1, rue Gaillard, 9e.

*3604 Portrait de Vincenzo Davico (appartient à M. V. D...).
3605 L'atelier.
3606 Paysage.

VAN HOUTEN (Georges), né à Anvers. — Belge. — 19, boulevard Berthier, 17e. — (Voir à la Section Belge).

3607 Mariage à la Madeleine (panneau décoratif pour Copenhague).

VAN MALDÈRE (Raoul), né à Marseille. — 10, r. Rochechouart, 9e.

3608 Coin des Martigues.
*3609 Lapidaires (appartient à l'auteur).
3610 Aux Martigues.

VAREILLE (Liane), née à St-Vrain (S.-et-O.). — 3, rue de l'Abbé-Houël, à Romainville (Seine).

3611 L'attention.
3612 Jeune fille en blanc.
3613 Fillette.

VARENNE (Gaston), né à La Roche-sur-Yon (Vendée). — 31, rue de Turin, 8e.

3614 Les tomates (nature morte).
3615 Le verre d'eau (nature morte).
3616 La cafetière (nature morte).

VERHAEGEN (Fernand), né à Marchienne-au-Pont. — 4, rue Tigenhuis, Boitsfort-lez-Bruxelles.

bis
3616 a Le doudou.
3616 b Tulipes.
3616 c Pavots jaunes.

VASSEROT (Pierre-François), né à Poissy (S.-et-O.). — 11, rue Boissonade, 14e.

3617 Portrait.
3618 Le Douët de la ville Evin (paysage).
3619 La gros chêne (paysage).

VASSEUR (Robert-Jules-Joseph), né à Ham (Somme). — Muille-Villette, par Ham (Somme).

3620 Le chemin de la Justice à Muille-Villette.
3621 Coin de bois au printemps.

VASSILIEFF (Marie), née à Smolensk (Russie). — 21, avenue du Maine, 15e.

3622 La mère et l'enfant.
3623 Composition.
3624 Paysage.

VAUCLEROY, (Pierre-Alfred-Victor-Charles), né à Bruxelles. — Belge. — 306, avenue Louise, à Bruxelles. — (*Voir à la Section Belge.*)

3625 Baigneuses.
3626 Paysage.
3627 Côte de Bretagne.

VAUQUELIN (Albert-Marie-Rodolphe), né à Tilly-sur-Seulles (Calvados). — 9, rue Villars, à Grenoble (Isère).

3628 Paysan bourguignon.
3629 Tête de gosse.
3630 Sous bois.

VAURY (Madeleine), née à La Varenne-St-Hilaire. — 7, r. Dutot.

3631 Intérieur.
3632 Nature morte.
3633 Gravure sur bois.

VEIL (Maurice), né à Paris. — 66, rue de Saintonge, 3e.

***3634** Sous les pins.
3635 Rochers à Pujaut (Gard).
3636 La trouée d'Anduze.

VEILLARD (Elisée-Waldeck), né à Vitré (I.-et-V.). — 10, rue de Paris, Allonne (Oise).

3637 Une vitrine contenant des plats, coupes et coupelles en terre émaillée, émaux cloisonnés.

VEILLET (Alfred), né à Ezy (Eure). — Rolleboise, par Bonnières-sur-Seine (S.-et-O.).

3638 La Seine à Rolleboise.
3639 Paysage.
3640 Rosny (paysage).

VENET (Gabriel), né à St-Quentin (Aisne). — 56, r. du Rocher, 8e.

3641 La cigarette.
3642 Pochade (nu).

VENTRILLON (Gaston), né à Nancy. — 54, rue du Ruisseau, Nancy.

3643 La guinguette.
3644 La coupe bleue.

VENTRILLON (Ernest), né à Nancy. — 67, rue de la Roquette, 11e.

3645 Vue de Guérard.
***3646** Vue de Guérard (appartient à M. L. Corbin).
3647 Etude.

VERDIER (Aimé), né à Paris. — 10, place d'Italie, 13e.

3648 Nature morte.
3649 Paysage (dimanche à Marne-la-Coquette).
***3650** Portrait d'enfant (appartient à l'auteur).

VERDILHAN (André), né à Marseille. — 10, r. des Beaux-Arts.

***3651** Croisée ouverte sur l'Orient (appartient à M. Imbert).
3652 Peppino.

VERDILHAN-MATHIEU, né à St-Gille (Gard). — 12, rue du Fort-Notre-Dame, à Marseille.

3653 Marseille (le port).
3654 Marseille (le port).
3655 Marseille (le port).

VERDOU (Georges), né à Cabrerets (Lot). — 6, r. de la Jussienne, 2°.

    ***3656** Vieillard dormant (portrait), appartient à M. X...)
    3657 Plein soleil sur la Marne.
    3658 Une petite église après la pluie.

VERECQUE (Georges-Amédée), né à Montauban (T.-et-G.). — 76, rue de Rennes, 6°.

    3659 La Meuse en aval de Verdun (Meuse).
    3660 Sous bois en Argonne.
    3661 L'aubépine au Luxembourg.

VERHAEGEN (Fernand), né à Marchienne-au-Pont. — Belge. — 4, rue Tigenhuis, Boitsfort-lez-Bruxelles. — (*Voir à la Section Belge*).

    3662 Le « Doudou ».
    3663 Tulipes.
    3664 Pavots jaunes.

VERGER L. P. S. N. (André), né à Paris. — 128, boulevard de Courcelles, 17°.

    3665 Fin d'averse (paysage).
    3666 Anémones.
    3667 Fleurs.

VERNET (Paul), né à Paris. — 77, rue de la Convention, 15°.

    3668 Etude.
    3669 Etude.
    3670 Nature morte.

VIAL (Félix), né à St-Etienne (Loire). — 126, rue de la Faisanderie, 16°.

    3671 Une ferme.
    3672 Sur la terrasse.
    3673 Le pont Alexandre III.

VIBERT (Gaston-Charles), né à Paris. — 28, rue de Sévigne, a Sucy-en-Brie (S.-et-O.).

    3674 La femme au corselet.
    3675 Quiétude.
    3676 Lia.

VIEUILLE (Louis-Victor-H.-E.), né à Pont-l'Abbé-d'Arnouet (Charente-Inférieure), 79, rue des Martyrs, 18°.

    3677 Portrait de Mlle Ghys, artiste peintre.
    3678 Paysage (mon clocher).

VILA-GORGOLL (Emilio), né à Llagostera. — Espagnol. — 6, rue Titon, 11e.

3679 Les modèles.
3680 Portrait de Mlle de L...
3681 Sous les orangers.

VILETTE (Charles), né à Argenteuil (S.-et-O.). — 36, rue de l'Egalité, à Colombes (Seine).

3682 Les enfants au paysage à Colombes.
3683 Grande Rue (Bourbonne-les-Bains).
3684 Paysage au Souterrain (Bois-Colombes).

VILLARD (Antoine), né à Mâcon (Saône-et-Loire). — 4, square Desnouettes, 15e.

3685 La salle d'ombrage.
3686 Le Marabout, Gafsa (Sud tunisien).

VILLARD (Robert), né à Paris. — 4, square Desnouettes, 15e.

3687 Les chemineaux.
3688 Tendresse.

VILLAUME (Charles), né à Paris. — 27, quai de la Tournelle.

3689 Un coup de collier.
3690 Une église hollandaise.
3691 Madone à la sainte face.

VILLENEUVE (Claire-Louise), née à Paris. — 54, av. de Breteuil, 7e.

3692 La maison.
3693 La tour.
3694 Le presbytère.

VILLENEUVE-MARTIN (Georgette de), née à Paris. — 54, boul. Mont-Boron, à Nice.

3695 Vase de fleurs champêtres.
3696 Fleurs (reines-marguerites).
3697 Bouquet de renoncules.

VILLERS (Gaston de), né à Bruxelles. — 81, av. de Malakoff, 16e.

3698 La vierge de bois.
3699 Le kimono rouge.

VIRENQUE (Emile-François), né à Paris. — 61, r. Caulaincourt, 18e.

3700 Nature morte.
3701 Etude.
3702 Etude.

VISCONTE (Henri), né à Bucarest. — Roumain. — 7, rue Troyon.

3703 Portrait de Mme Dora Parnès.
3704 Portrait de Mlle Ischa Gadouiska.

VIVES (Mario), né à Barcelone. — Espagnol. — 2, passage de Dantzig, 15°.

3705 Tête de jeune fille.
3706 Tête de femme.
3707 La source.

VIVREL (André), né à Paris. — 65, rue Caulaincourt, 18°.

3708 Maisons de pêcheurs sur le port de Ploumanach.
3709 Rochers de Ploumanach.
3710 Etude.

VOGUET (Léon), né à Paris. — 50, rue St-Georges, 9°.

3711 Dessin.
3712 Dessin.
3713 Dessin.

VOGELWEITH (Adolphe), né à Guebwiller (Alsace). — 11, boul. Clichy, 9°.

3714 La halte.
3715 Le chantier.
3716 Le ruisseau.

VOGT (Lucien), né à New-York. — Français. — 117, rue de Vaugirard, 15°.

3717 Effet de neige (Alsace).

VOILAND (Léon), né à Bains (Vosges). — 36, rue Hallé, 14°.

3718 Fleurs.
3719 Chemin dans la forêt de Fontainebleau en automne.
3720 Femme à sa toilette.

VOIZARD (Emile), né à Paris. — 111, rue de France, Nice (A.-M.).

3721 Paysage de Provence.
3722 La Grave en Dauphiné.
3723 Le Tanneverge de Sixt.

WAELE (René de), né à Gand. — Belge. — 67, rue Caulaincourt, 18°. — (*Voir à la Section Belge*).

    3724 L'heure calme.
    3725 Glaçons sur la Seine (dessin).
    3726 Montmartre (dessin).

WAGNER (Henri-Konrad), né à Lieurey (Eure). — 220, avenue du Maine, 14°.

    3727 A un Poilu inconnu (pastel).
    3728 Dessin.
    3729 Deux dessins.

WANSART (Adolphe), né à Verviers. — Belge. — 156, rue des Carmélites, Uccle, Bruxelles. — (*Voir à la Section Belge*).

    3730 Intimité.

WANSART (Lucie), née à Bruges. — Belge. — 156, rue des Carmélites, à Uccle, Bruxelles. — (*Voir à la Section Belge*).

    3731 Jardin.
    3732 Talera.

WAROQUIER (Henry de), né à Paris. — 7, place du Panthéon, 5°.

    3732 *a* San Miguel (Espagne).
bis   **3732** *b* Ponte la Reina (Espagne).
    3732 *c* Nature morte.

WASGAU (Jean), né à Strasbourg. — 23, rue de l'Aude, 14°.

    3733 Œuvres de guerre.
    3734 Sculpture d'art.
    3735 Cannes et poignées.

WATSON-WILLIAMS (M.), né à Bristol. — Anglais. — c/o The Manager Parrs Bank, 300, Kings Road Chelsea, London, England.

    3735 *c* Peinture.
bis   **3735** *b* Peinture.
    3735 *a* Peinture.

WAUQUIEZ (Marie), née à Tourcoing. — 5, rue de Bagneux, 6°.

    3736 La femme et la fleur.
    3737 Tête de fillette.
    3738 Silhouette parisienne.

WEGENER (Gerda), né au Danemark. — Danois. — 33, rue du Champ-de-Mars, 7°.

    3739 Le magasin de modes.
    3740 Portrait.
    3741 La belle inconnue.

WEINBAUM (Albert), né à Kamienietz-Polotck. — Russe. — 95, rue du Mont-Cenis, 18e.

3742 Composition.
3743 Nature morte.
3744 Tête.

WEISZ (Martin), né à Nitra. — Tchéco-Slovaque. — 205, rue Championnet, 18e.

3745 Panneau décoratif en cuir ciselé (cerf).
3746 Panneau décoratif en cuir incisé (paysage).

WELSCH (Paul), né à Strasbourg. — 6, rue du Général-Gouraud, à Strasbourg.

3747 Paysage.
3748 Etude.
3749 Paysage.

WERY (Fernand), né à Bruxelles. — Belge. — 40, rue Dillens, à Ixelles, Bruxelles. — (*Voir à la Section Belge*).

3750 L'Italienne.
3751 Paysage.
3752 Paysage.

WIDHOPFF (D.-O.), né à Odessa. — Russe. — 15, rue Hégésippe-Moreau, 18e.

3753 Effet de lampe.
3754 Raisins.
3755 Coin d'atelier.

WOESTYNE (Gustave Van de), né à Gand (Belgique). — Belge. — Maison rose, Waereghem (Belgique). — (*Voir à la Section Belge*).

3756 Le mendiant.
3757 Le tableau du peintre et celui des buveuses de liqueurs.
3758 Fruits.

WOLF (Jacques-Ernest), né à Rouen (Seine-Inférieure). — 15, rue de la Pie, à Rouen.

3759 Chaumière à Varengeville.
3760 Une route.
3761 Baigneuses.

WULFART (Max), né en Lettonie. — Russe. — 235, faub. Saint-Honoré, 8e.

3762 L'esprit de Beethoven.
3763 Etude.
3764 La femme et les fleurs.

YOURIÉVITCH (Serge), né à Paris. — Russe. — 34, rue Michel-Ange, 16e.

bis { **3764** *a* Fécondité (plâtre).
3764 *b* Ange (bronze).
3764 *c* Arc-en-ciel (bronze).

YSERN Y ALIÉ (Pierre), né à Barcelone. — Espagnol. — 130 *ter*, boulevard de Clichy, 18e.

3765 Danse gitane.
3766 Dancing.
3767 La fête.

ZACK (Léon), né à Nijni-Vovgorod (Russie). — Russe. — Via Lorenzo Magnifico, Florence (Italie).

3768 Nature morte.
3769 Paysans jouant aux cartes.
3770 Pierrette.

ZADKINE (Ossip), né à Smolensk (Russie). — Russe. — 35, rue Rousselet, 7e.

3771 Composition (pierre).
3772 Apollon.
3773 Les musiciens.

ZAVADO (Jean), né à Cracovie. — Polonais. — 8, rue de la Grande-Chaumière, 6e.

3774 Nature morte.
3775 Paysage.
3776 Portrait.

ZELGER (Gaston), né à Cognac (Charente). — 48, r. des Écoles, 5e.

3777 Buste (sculpture).
3778 Bas-relief (sculpture).
3779 Bas-relief (sculpture).

ZELIKSON (Serge), né à Polotck. — Russe. — 41, rue Monge, 5e.

***3780** Le souvenir (plâtre), appartient à l'auteur.
***3781** Torse : Paulette Pax (plâtre), appartient à M. P.
***3782** Buste : Yonnel (plâtre), appartient à M. Yonnel).

ZEVACO (Xavier), né à Ajaccio (Corse). — 22 *bis*, avenue Jacqueminot, à Meudon (S.-et-O.).

3783 Nature morte.
3784 Meudon (vu de la Terrasse).
3785 Vase et fleurs.

ZIELENIEWSKI (Casimir), né à Tomsk (Sibérie). — Polonais. — Villa Mauresque, boulevard Thiers, à St-Jean-de-Luz.

3786 Composition.
3787 Composition.
3788 Composition.

ZINET (André), né à Lausanne. — Suisse. — 2, rue Lamarck, 18ᵉ.

3789 Nature morte (la chaise de campagne).
3790 Nature morte (poires et assiettes).
3791 Nature morte (pommes et fleurs).

ZI-PAN (Raoul), né à Constantine (Algérie). — 88, avenue de Breteuil, 15ᵉ.

***3792** Nounou (propriété de Mᵐᵉ de Ste-Croix).
***3793** Paysage (environs de Thionville), propriété de Mᵐᵉ de Sainte-Croix.
***3794** Intérieur (propriété de Mᵐᵉ Remono de la Hausse).

ZOPFF (Mathilde), née à Strasbourg. — 4 *bis*, rue Michel-Chasles, 12ᵉ.

3795 Vase avec fleurs.
3796 Ruine dans les Vosges.
3797 Nature morte.

SECTION BELGE

APOL (Armand-Adrien), né à Bruxelles. — 77, rue de Livourne (Bruxelles).

    71 Juliette.
    72 La lecture.
    73 Le goûter.

BAUDRENGHIEN (Joseph), né à Monceau-sur-Sambre. — 218, rue Edith-Cavell, Uccle.

    223 Cariatide (plâtre patiné).

BRUSSELMANS (Jean), né à Bruxelles. — Rue de la Station, Bodeghem-Saint-Martin.

    523 Nu.
    524 Paysage.
    525 Nature morte.

COCKX (Philibert), né à Ixelles. — 6, chaussée d'Alsemberg, Uccle Calevœt lez Bruxelles.

    787 Nu.
    788 La dame en bleu.

DAEYE (Hippolyte), né à Gand. — 45, avenue Cogels, Anvers.

    901 Portrait de mon fils.
    902 Nu.

DAVAUX (Robert), né à Seneffe. — 11, rue du Regard, 6e.

    922 Danseuse d'Espagne.
    923 La femme à la grapppe (eau-forte).
    924 Tête de vieillard (dessin).

DECŒUR (Louis-François), né à Jambes (Namur). — 2, avenue Redée, Strombéck, Bruxelles.

    947 Femme à l'éventail.
    948 Chemin creux.
    949 Fleurs.

DEKAT (Anne), né à Delft. — 11, chaussée de Vleurgat, Ixelles-Bruxelles.

956 Jeune fille au piano.
957 Champs de blé.
958 Nu à la fenêtre.

DEWIS (Louis). — 28, rue Chaptal, 9e.

1032 Le port de Zeebrugge.
1033 La tour de Lissewegh (Flandre).

FERNEL (Fernand), né à Bruxelles. — 20, avenue du Chemin-de-Fer, à Rueil (Seine-et-Oise).

1256 Marché aux cochons (Bretagne).
1257 Danseuse de corde (Bretagne).
1258 Bal de Mi-Carême.

FONTAINE (Gustave), né à Bruxelles. — 143, rue de Want (Bruxelles) ; 2, Grande-Rue, à Chaville (Seine-et-Oise).

1302 Sculpture.
1303 Sculpture.
1304 Sculpture.

FRANCISSE (Émile-Guy-Charles), né à La Chapelle-lez-Herlaimont (Hainaut). — 14, cité Falguière, 15e.

1339 Assemblage: papiers peints édités, les biches.
1340 Dessin décoratif.
1341 Dessin décoratif.

GAILLIARD (Jean-Jacques), né à Bruxelles. — 41, rue Royale (Bruxelles).

1377 Le jardin malade.
1378 Le poète Maurice Maeterlinck.

GHOBERT (Jules), né à Wéris. — 15-17, rue des Trévires (Bruxelles).

1468 Femme au jardin.
1469 La route.
1470 Parc.

GOOSSENS (Marcel), né à Liège. — 2, sur le Mont, à Tilff (Belgique).

1534 Paysage.
1535 Marine.
1536 La route.

GUILBERT (Maurice-Henri), né à Mons. — 258, rue Edith-Cavell,
à Uccle (Belgique).

1639 Paysage.
1640 Paysage.
1641 Femme au chat.

JACQUET (Eugène), né à Chimay (Belgique). — 1, avenue de la
République, 11e.

1831 L'Armistice, boulevard St-Denis.
1832 Epaves.
1833 Le père Charles, pont de Sully.

JESPERS (Floris), né à Borgerhout-lez-Anvers. — 31, rue Robert
Krols, Anvers.

1858 Paysage, forteresse.
1859 Automne.
1859 bis Paysage campinois.

JESPERS (Oscar-M.-J.), né à Borgerhout-lez-Anvers. — 25, rue
Boisot, Anvers.

1860 Statue de femme.
1861 Torse de femme.
1862 Tête de femme.

LEDEL (Dolf), né à Schaerbeek. — 55, rue de la Brasserie-Linkebeek.
(Brabant).

2110 Pierre Broodcoorens (tête plâtre).
2111 George Eckhoud (tête plâtre).
2112 L'homme au masque (torse plâtre).

LE ROUX (Henri), né à Chatelet (Hainaut). — 31, avenue d'Au-
derghem (Bruxelles).

2210 Nature morte.
***2211** En famille.

LETELLIER (Hector), né à Bruxelles. — 5, rue Emile-Verhaeren
(Saint-Cloud).

2236 Paysage.
2237 Paysage.
2238 Etude.

LOGELAIN (Alphonse), né à Ixelles. — 42, avenue de la Floride,
Uccle-Bruxelles.

3798 Paysage (neige).
3799 Sous bois.
3800 Paysage.

MAMBOUR (Auguste), né à Liège. — 56, rue Edouard-Wacken, à Liège.

2366 Manger.
2367 Créer.
2368 Quatuor.

MASEREEL (Frans), né à Blankenberghe. — 15, Grands-Philosophes, à Genève.

2449 Dessins.
2450 Dessin.
2451 Dessin.

MATHYS (Albert-François), né à Bruxelles. — 21, rue Le Corrège (Bruxelles).

2461 Portrait de Madeleine.
2462 Contre-jour.
2463 Le buste noir.

MORIS (Félix), né à Putte (lez Malines). — 207, faubourg Saint-Martin, 10°.

2619 Le porte-bonheur.
2620 Fleurs d'automne.
***2621** Petite ferme à Putte (Belgique), appartient à Mme Moris-Vérez.

PAERELS (Willem), né à Delft (Hollande). — 929, chemin d'Alsemberg (Bruxelles).

2738 Jeune femme en noir.
2739 Port.
2740 Paysage.

PUVREZ (Henri), né à Bruxelles. — 30, avenue des Chalets (Boitsfort-lez-Bruxelles).

3009 1880 (plâtre).
3010 Nu (plâtre).
3011 Madone (granit).

DE RIEMAECKER (Charles-Henri), né à Schaerbeek-Bruxelles. — 67, Grande-Rue, à Sèvres (Seine-et-Oise).

bis { **3117** *a* La rue Troyon à Sèvres.
3117 *b* Intérieur.
3117 *c* Intérieur.

SCHIRREN (Ferdinand), né à Anvers. — Avenue de Roodebeck.

3251 Femme en bleu au guéridon.
3252 Phryné (sculpture).
3253 Intérieur (dessin).

SCOUPREMAN (Pierre), né à Bruxelles. — 9, rue Langeveld, Uccle.

3271 La pêcherie d'Uccle.
3272 Paysage, effet matinal.
3273 Les Vallons, temps gris.

SMITS (Marcel), né à Molenbut-Saint-Jean. — 20, rue de l'Intendant (Molenbut-Bruxelles).

3362 Le chat noir.
3363 Cérès.
***3364** Composition (appartient à M. Renée Dieu, à Bruxelles.

TROYER (DE) (Prosper-Jean), né à Destelbergen (Flandre orientale). — 83, chaussée de Bruxelles (Malines).

3550 La gloire du cardinal.
3551 Le café.
3552 La gare de Malines.

TYTGAT (Edgard), né à Bruxelles. — 40, rue du Canada (Bruxelles-Midi).

3567 La balançoire.
3568 Chrysanthèmes.
3569 Matinée d'été.

VAN HOUTEN (Georges), né à Anvers. — 19, boulev. Berthier, 17°.

3607 Mariage à la Madeleine (panneau décoratif pour Copenhague).

VERHAEGEN (Fernand), né à Marchienne-au-Pont. — 4, rue Tigenhuis, Boitsfort-lez-Bruxelles.

bis { **3616** a Le Doudou.
3616 b Tulipes.
3616 c Pavots jaunes.

VAUCLEROY (DE) (Pierre-Alfred-Victor-Charles), né à Bruxelles. — 306, avenue Louise (Bruxelles).

3625 Baigneuses.
3626 Paysage.
3627 Côte de Bretagne.

WAELE (DE) (René), né à Gand. — 67, rue Caulaincourt, 18e.

    3724 L'heure calme.
    3725 Glaçons sur la Seine (dessin).
    3726 Montmartre (dessin).

WANSART (Adolphe), né à Verviers. — 156, rue des Carmélites, Uccle-Bruxelles.

    3730 Intimité.

WANSART (Lucie), née à Bruges. — 156, rue des Carmélites, Uccle-Bruxelles.

    3731 Jardin.
    3732 Talera.

WÉRY (Fernand), né à Bruxelles. — 40, rue Dillens, Ixelles-Bruxelles.

    3750 L'Italienne.
    3751 Paysage.
    3752 Paysage.

VAN DE WOESTYNE (Gustave), né à Gand. — Maison Rose, Waereghem (Fl. occ.) (Belgique).

    3756 Le mendiant.
    3757 Le tableau du peintre et celui des buveuses de liqueurs.
    3758 Fruits.

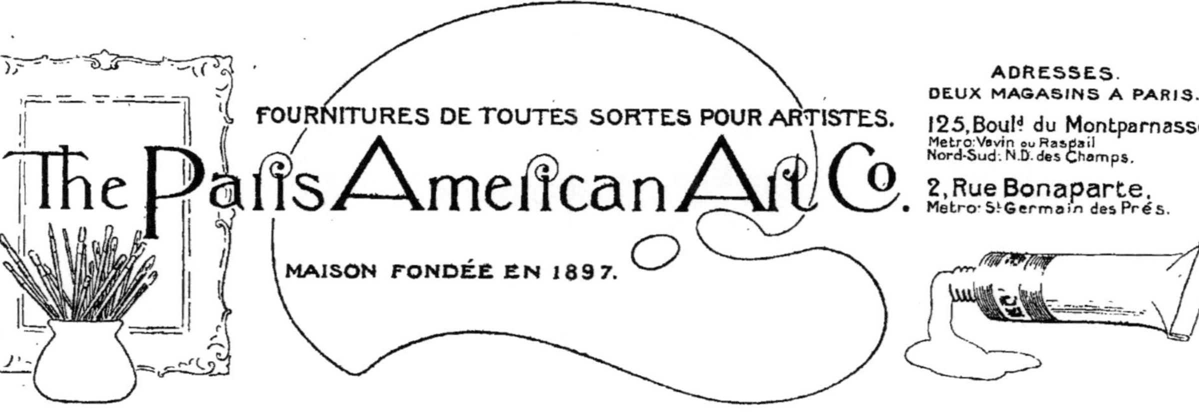

FOURNITURES DE TOUTES SORTES POUR ARTISTES.
The Paris American Art Co.
MAISON FONDÉE EN 1897.
ADRESSES.
DEUX MAGASINS A PARIS.
125, Bould du Montparnasse.
Metro: Vavin ou Raspail
Nord-Sud: N.D. des Champs.
2, Rue Bonaparte.
Metro: St Germain des Prés.
Cadres de toutes dimensions toujours en magasin.